池上商店
夢の商家館

池上商店「商家館」開設集団・編

池上喜重子（2023年7月）

はじめに

池上商店「商家館《しょうかかん》」は、故・池上公介が構想・計画していた資料館です。池上商店は、かつて札幌市豊平にあった荒物雑貨・食料品の卸商店で、新潟県三条市出身の池上重蔵《じゅうぞう》が1900年代はじめに夢を抱いて北海道にやって来て店を開き、大正、昭和にかけ札幌の地で営業基盤を築き上げたものです。そして、創業してから約80年後の1992年に商家としては店を閉じました。

「商家館」構想は2000年頃から始まり、実現に向けて池上商店3代目の公介が、家や店で実際に使っていたモノなどを展示用に保管・整理していたものです。さらに、いくつかの建築会社から完成予想図（パース）となる青写真を提出してもらうなど、商家館開設に向けて具体的に動き出していました。しかし、公介はこの構想を実現せずに生涯を閉じました。その想いを妻・喜重子が受け継ぎ、本書として蘇えらせたのです。

しかし、このバーチャル「商家館」は、公介の構想をそのまま再現したわけではありません。縁あって集まった〈池上商店「商家館」開設集団〉が、長年倉庫に保管されていた数々のモノを皆で見て、何をデジタルデータとして残すか、それを誌面でどう見せるかを考え、本として伝えるものです。この古くて新しいバーチャル「商家館」を通して、歴史と今をつなぐという「想像の世界」を広げていくことが本書のもう一つの目的です。

第一部では「商家館」展示、第二部では「池上家」の家族の記録の残し方をまとめました。

商家館設立への「熱量」、温められていた構想——

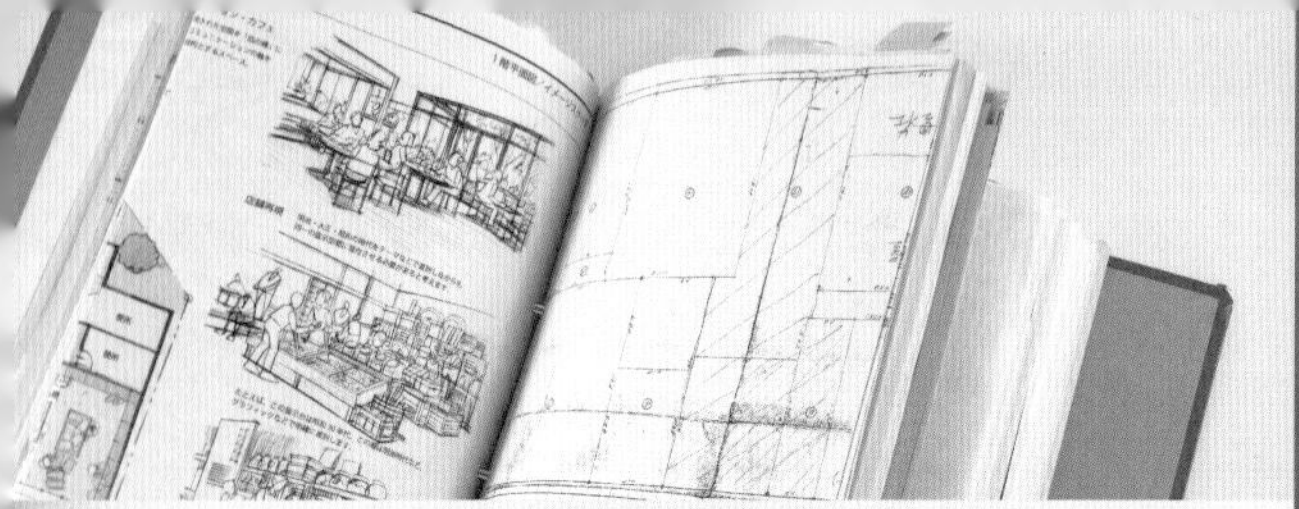

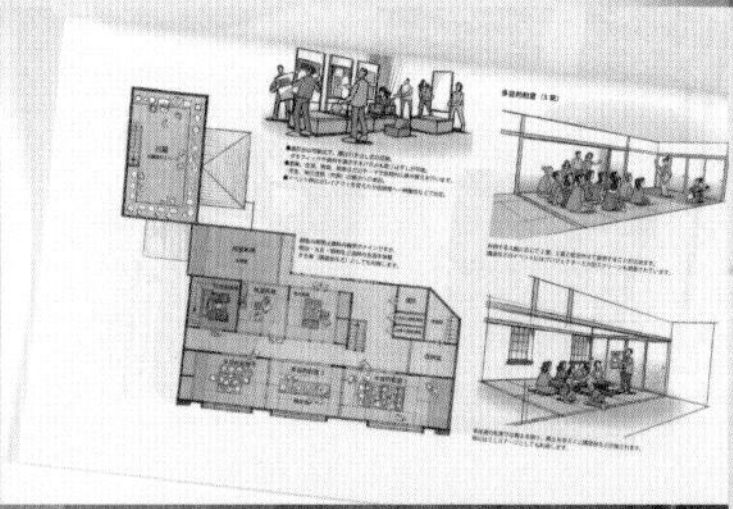

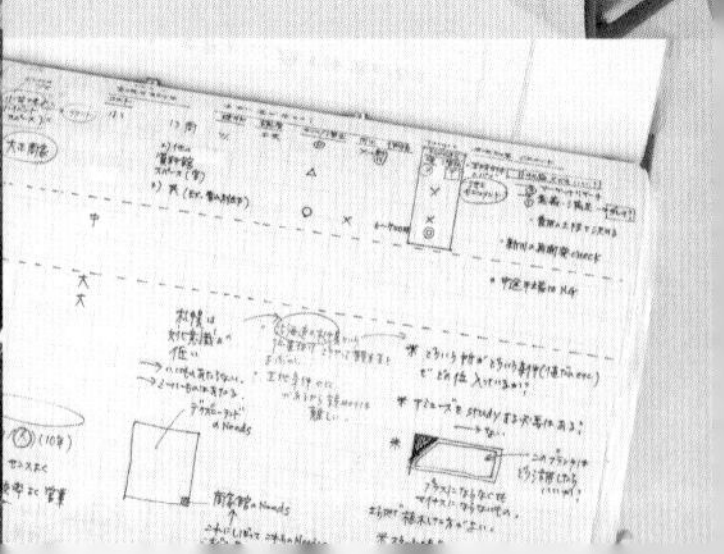

利
利
利
利
利

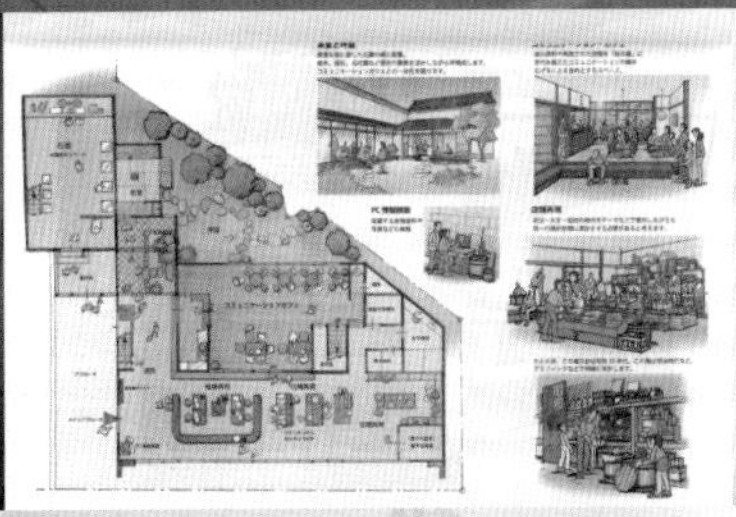
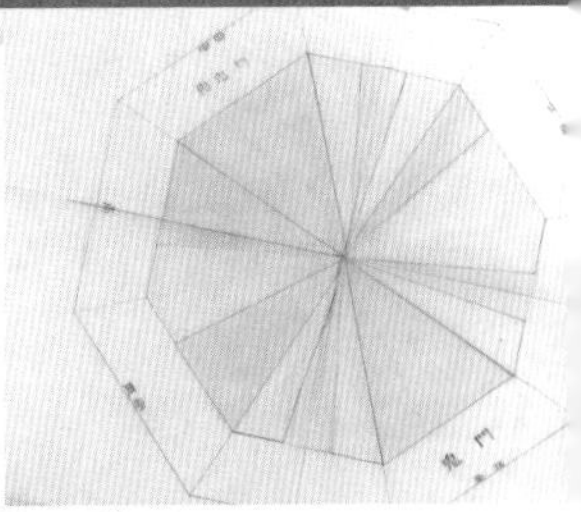
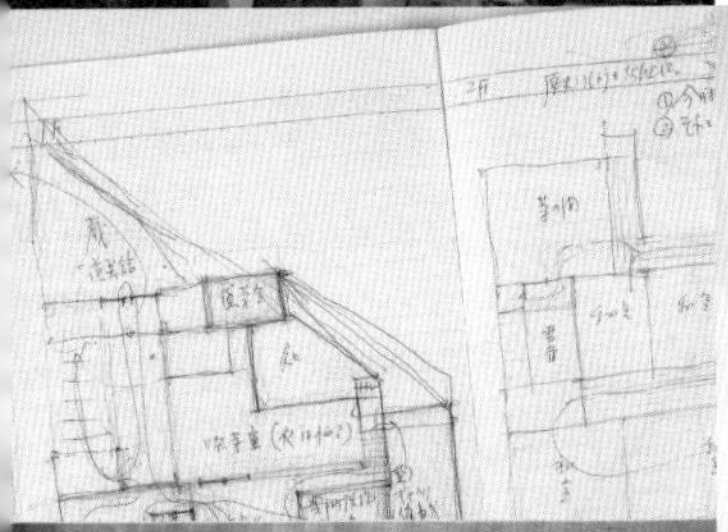

商家とは?

商家とは、「商売をしている家」というのが一般的な回答でしょう。複数の辞典をみると、「商業を営む家」「商人の家」「商品を売る店」「商人の家庭」と記しています。英語では、Merchant family と訳せるでしょう。2000年代はじめに池上商店で使っていた膨大なモノを一つひとつ整理した矢島《やじま》睿《さとし》*[1]は、『札幌生活文化史〈明治篇〉』*[2]で、「商家の生活」と題して札幌の商店の始まりを次のように記述しています。

札幌における商店のはじめは、1871（明治4）年の井筒屋木村伝六の店で、続く井坂市右衛門、宮辺長七の3店だったが不景気によってすぐ閉店したこと、同時期に行商や小商売を始めた者がいたものの、その場限りの商売をする人が多かったようです。

地道に商いをする人が出るようになったのは新潟県人からであり、一方で傑出した女性商人の存在を挙げています。明治中期以降になると、商家が町の発展とともに成長し、本格的に店舗を構えるようになり、次第に店の格式やのれんが重んじられるようになったと解説しています。

これだけでは、商家がどんな生活をしていたのかはわかりませんが、同書の後半部分で、ようやく商家では「立派な家具や什器を備え冠婚葬祭も派手に行うようになる」と言っています。でも、本州でみられる商家の派手な生活とは違い、札幌ではほとんどが裸一貫から身をおこした者が多かったため、生活は堅実だったようです。

新潟から札幌にやってきた池上重蔵もまた、堅実な商売、生活を心がけていました。本書の池上商店でみられるように、札幌の初期の商家は、店舗と住居が一緒になっており、従業員が住み込み、創業者家族と一緒に店を盛り立てていました。年末の慌ただしさや、年始の初荷など、家族でもある従業員が揃って同じ時間を共有しています。

池上商店三代目の池上公介は、そうした堅実な家族的商売をしてきた家を誇りに思っており、そのことが「商家館」を多くの人たちに見てもらいたかったことに繋がっています。創業者、池上重蔵時代から日々の営みで使っていたモノの中に、乳製品メーカーの木箱でつくられた手づくりの帳簿棚があります。一方で、有名メーカーからの記念品も数多くあります。重蔵の愛用した旅行カバンには、「日本盛」の銘が入っています。そうした商家の営みが公介を育て、やがて時代とともに教育分野へと業態転換していくことになりました。

公介の没後ではありますが、令和の時代になってようやく、夢の「商家館」が本書で展開されているのです。

＊1　矢島睿（1936-2010年）
北海道開拓記念館学芸部長を経て北海学園大学講師。国学院大学で民俗学、日本史学を学ぶ。1967年北海道百年記念事務局に入り、北海道開拓記念館開設準備に従事。著書に『北海道の祝事』『北海道の葬送・墓制』（いずれも明玄書房）、『北海道の研究　第7巻　民俗、民族編』（清文堂出版）、『懐かしの北海道鉄道の旅　明治・大正・昭和期』（中西出版）がある（『矢島さとしのまるごと北海道みやげの歴史』中西出版、2016年の著者略歴から）

＊2　札幌市教育委員会編『札幌生活文化史〈明治篇〉』北海道新聞社、1985年

商家館のための骨董蒐集《こっとうしゅうしゅう》

池上公介は、商家館開設に向けて、店で使ってきたモノのほかに、骨董店へ足しげく通い、池上商店「商家館」に関わるモノを買い足していました。また、調査を依頼された矢島睿が池上商店のモノ一つひとつに番号をつけて、カードに記入し、目録まで作成しています。さらに公介は、複数の企画・建築会社に依頼して事業計画や構想を練り、完成予想図（パース）まで作成しています。当時の様子は、新聞記事になるほどでした。

＊＊＊

◉新聞記事から（「北海道新聞」2003年2月18日）

明治・大正期の面影 ここに…商家資料館建設を計画 豊平区の池上さん 看板、ポスターなど2千点 旧老舗を改造 2、3年後完成予定

〈本文一部抜粋〉

「道内の博物館は『官』が中心。貴重な『民』の資料を残せないか」と池上さんは実家を整理しているうちに資料館づくりを思いたった。明治か大正期の店構えに改造するとともに、室内を創業時に似せて再現し、帳場や土間などを設け、資料を展示する。

喫茶スペースも設け、市民が学び楽しめる空間を目指す。工事費用は数億円に上る見込みで、私財を投じ、二、三年後には完成させたい考えだ。

資料を整理した北海学園大講師の矢島睿（さとし）さんは「ポスター、はんてん、景品など商業に関する資料は道内では例をみないほどの量」と話している。

新聞記事（「北海道新聞」2003年2月18日）

（第3種郵便物認可）

【豊平区】札幌の商業の歩みを歴史にとどめようと豊平区の学習塾経営池上公介さん（62）が実家を改造し、商家資料館（仮称）の建設を計画している。池上さんの実家は明治以来続いた老舗の海産物商「池上商店」で、何度も改築を重ねた歴史的建造物。看板、ポスターなどの資料は2000点に上り、当時の商法や流通機構を探る貴重な手がかりとなりそうだ。

明治・大正期の面影 ここに…

商家資料館建設を計画

豊平区の池上さん 看板、ポスターなど2千点

池上さん（右）の実家に残る貴重な資料。札幌の商業史に厚みを与えそうだ

池上商店は一九〇九年（明治四十二年）の創業。ニシンや昆布などを扱い、アイヌの人たちとも交易があった。大正年間は二十㍍もの間口があり、室蘭街道（現・国道36号）沿いでは最大級の店舗。戦前は、横綱双葉山が逗留（とうりゅう）するほどの富裕な商家だった。戦後、食品、酒問屋に業態を広げたが、跡を継いだ公介さんが学習塾を始めたのに伴い、一九九三年に廃業した。

旧老舗を改造 2、3年後完成予定

場所は豊平四ノ六で、木造二階建て延べ千平方㍍ほど。何度か改築したものの、床の間や売り場に大正の面影を残す。売り場には、江戸時代の米びつやとっくり、文人画のほか、かつて丸井今井の子会社だった今井醸造の屋号の入った前掛け、戦前の鈴木商店（味の素の前身）や五〇年代と推定される日本麦酒（サッポロビールの前身）のポスターがそのまま残っている。

「道内の博物館は『官』が中心。貴重な『民』の資料を残せないか」と池上さんは実家を整理しているうちに資料館づくりを思いたった。明治か大正期の店構えに改造するとともに、室内を創業時に似せて再現し、帳場や土間などを設け、資料を展示する。

喫茶スペースも設け、市民が学び楽しめる空間を目指す。工事費用は数億円に上る見込みで、私財を投じ、二、三年後には完成させたい考えだ。

資料を整理した北海学園大講師の矢島睿（さとし）さんは「ポスター、はんてん、景品など商業に関する資料は道内では例をみないほどの量」と話している。

池上公介（1940-2018年）

札幌市生まれ。池上商店3代目、学校法人池上学園理事長。1969年頃から「池上イングリッシュクラブ」主宰（公式には71年）。85年に中学浪人予備校「池上学院」を開校。主な著書に『教育は家庭から』（中西出版）、『食卓が原点　実践池上式手づくり教育論』（家の光出版）、『不登校・引きこもりから奇跡の大逆転！』（角川マーケティング）など。

目次

❖第一部❖

ようこそ夢の商家館へ

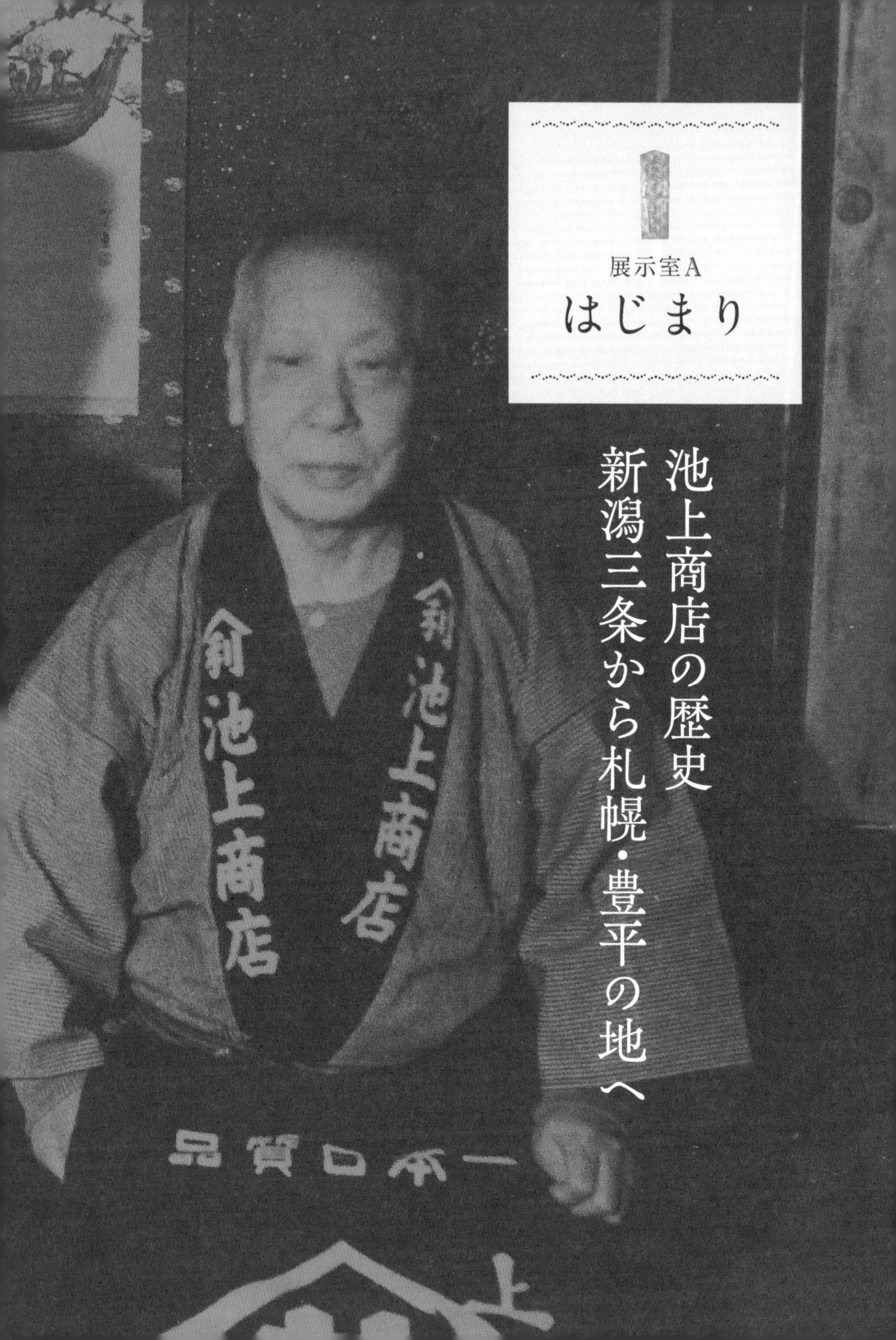

展示室A

はじまり

池上商店の歴史
新潟三条から札幌・豊平の地へ

北海道ではあるある「どこ出身？」

池上商店、初代の池上重蔵は1884（明治17）年12月、現在の新潟県三条市に生まれました。重蔵が生まれたのは三条町田島村で、後に家族は一ノ木戸村（明治34年に三条町と合併）に引っ越します。最初、田島本村の寺子屋で学び、移転先の一ノ木戸村の小学校に転校しますが、14歳のときに中退し、親戚の経営する海産物商店で働き始めます。そこで、16歳のときに海産物の仕入れを担当し、北海道へ出張します。春は鰊、秋は鮭の買い付けで数カ月間も滞在しました。

重蔵の父・池上重吉は一ノ木戸村で商売をしていました。1898（明治31）年の『越佐商工人名録』にある「越後国南蒲原郡一ノ木戸村商工人名」には、重吉が「石油商」として記録されています。

重蔵17歳。東京で撮影

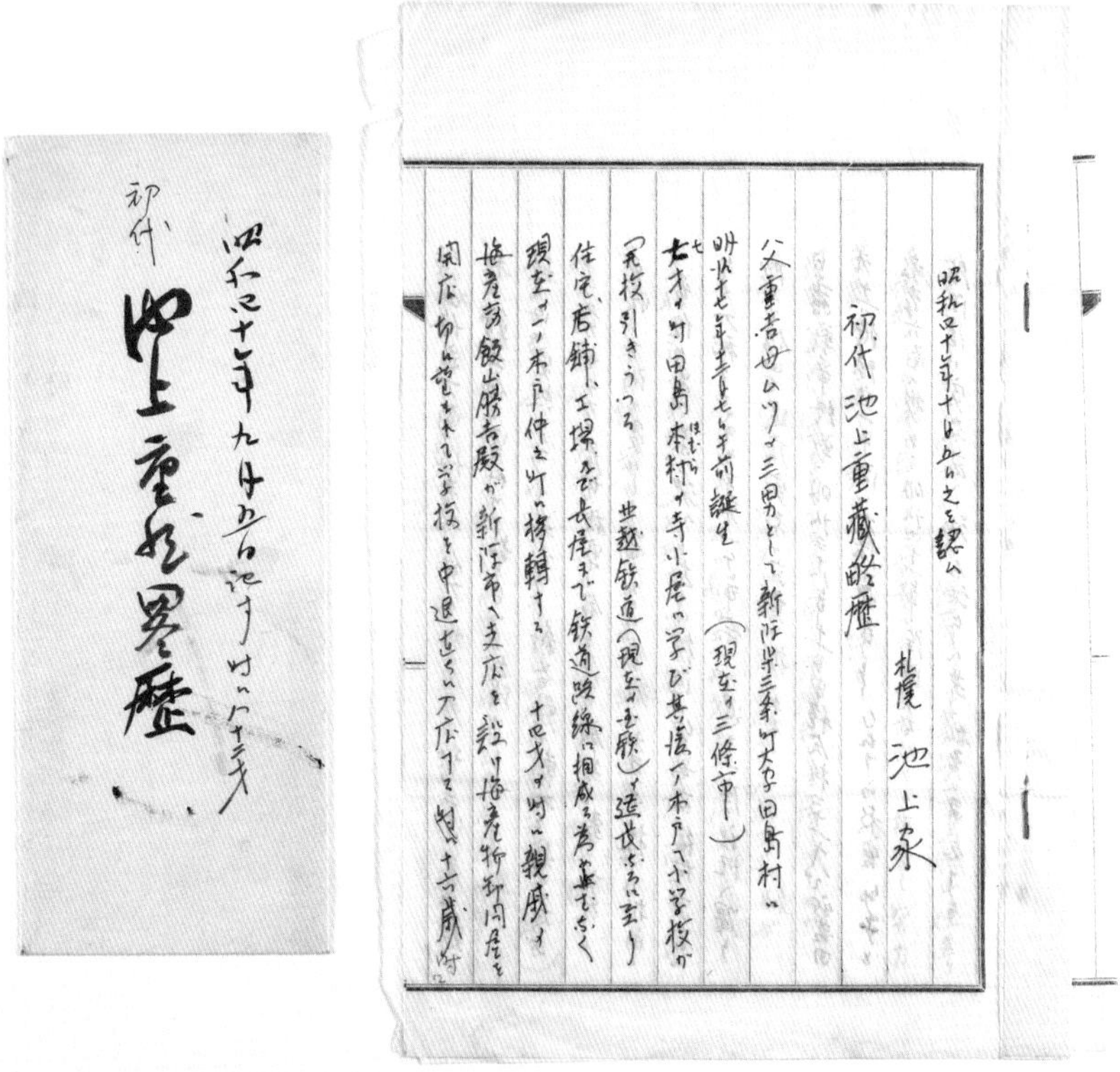

初代：池上重蔵略歴

- 1905（明治38）～08（明治41）年まで入隊。除隊後に実家の仕事を手伝う。
- 1910（明治43）年、重蔵の兄・利平治が雑貨小売店を開く。
  後に利平治は、家業を継ぐため三条に帰郷。
- 1912（明治45）年8月、小林トヱと結婚（明治28年、中蒲原郡北飯田村生まれ）
- 1913（大正2）年2月に夫婦で来札し、兄の利平治の店を引き継ぐ。

＊池上重蔵直筆

戸籍謄本から

出生：明治十七年十二月七日
池上重吉二男分家届（大正元年八月三十日受付）

行李《こうり》

重蔵とともに旅したカバン類

豊平町役場跡が本店

札幌の中心部からほど近い北海道豊平町18番地が池上商店発祥の地です。札幌の市制後は、札幌市豊平3条5丁目18番地（現・豊平4条6丁目）となります。そこはかつてこの地にあった豊平町役場の一角でした。今は石碑が残り、碑文には「ここに豊平町役場ありき」と刻まれています。役場が月寒村に移転したのは1910（明治43）年4月ですので、役場の移転と同時に、池上商店が開業したようです。

当初は雑貨や食料品などの販売から始めたようで、1920（大正9）年の扱い品目は、「洋酒缶詰、砂糖石油、味噌醤油、果物漬物、荒物雑貨　卸商」となっていました*1。また、1929（昭和4）年発行の『大日本職業別明細図』の広告では「荒物雑貨商」「電、二〇七七」

豊平町役場跡の石碑。現在は駐車場になっている

「豊平三ノ五」を確認できます。先に札幌に来ていた兄の利平治が重蔵にどう引き継いでいったのかは現資料ではわかりませんでしたが、屋号は「山利」として引き継がれ、重蔵がずっと使い続けています。

「山利」は利平治の名前からきたようで、「山のように利益がありますように」という願いが込められています。

＊1　博信社編『大日本帝国商工信用録 30版』博信社出版部、1920年

店の外看板として使っていたもの。屋号のほかに「池・上・商・店」がすべて揃っている

創業年はいつ？

公にされた記述では、「1910（明治43）年」[*2]と「1913（大正2）年」[*3]の二つの記述があります。いずれも重蔵が記したものと思われます。

＊2　帝国興信所編『帝国信用録 20版（昭和2年）』帝国興信所、1927年
＊3　販売者要覧編『食糧年鑑 昭和43年版』日本食糧新聞、1968年

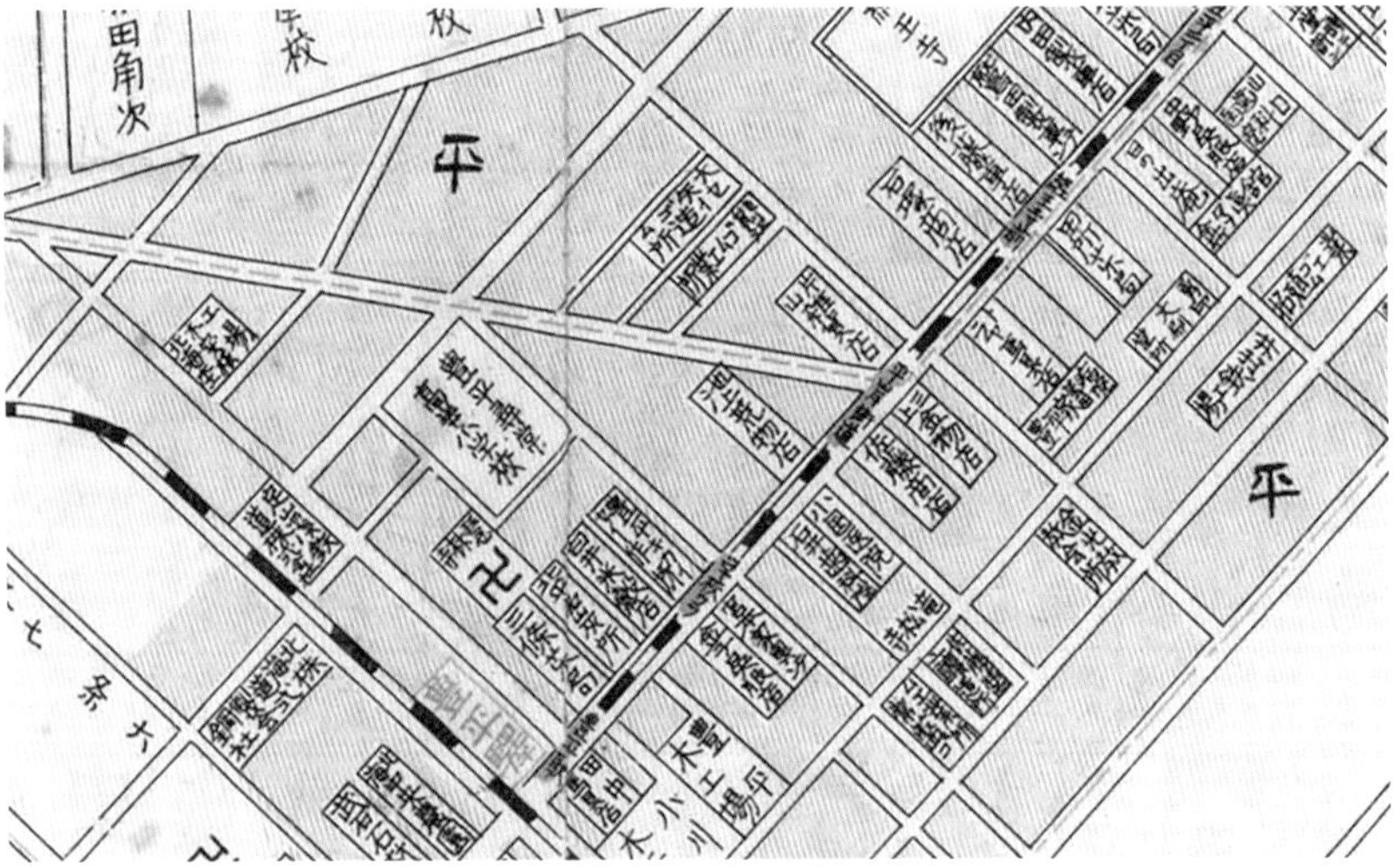
札幌市中央図書館蔵：『大日本職業別明細図』の地図に池上荒物店として記されている

酒販売と免許

池上商店（豊平区豊平3条5丁目18番地）の酒販免許は1938（昭和13）年4月1日に取得しています。池上貞子から公介へ77（昭和52）年に代表者変更。92（平成4）年3月31日移転、同年10月26日免許取消、同日㈱定鉄商事に譲渡となっています*3。

*3　札幌東小売酒販組合『組合員名簿　昭和40年7月現在』1965年など（札幌南小売酒販組合所蔵・久保俊彦氏提供）

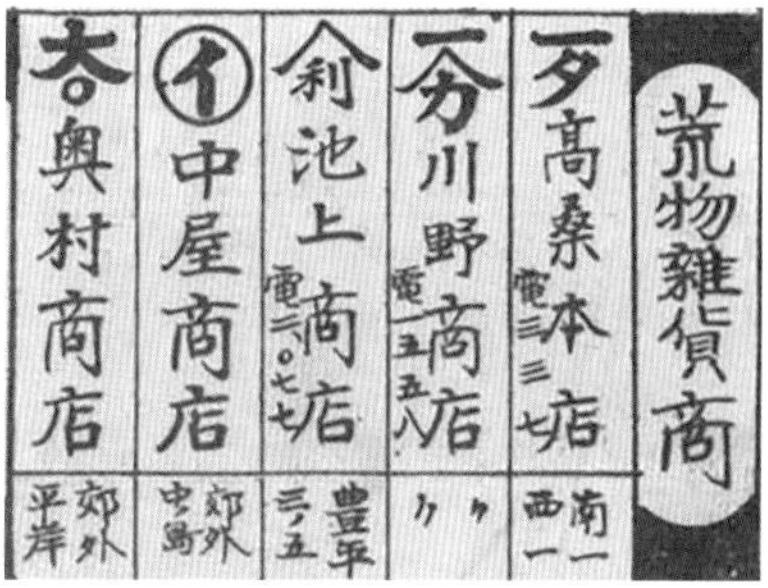

札幌市中央図書館蔵：『大日本職業別明細図』東京交通社、1929年

国道36号（室蘭街道）と池上商店

現在の国道36号は、かつては室蘭街道と呼ばれていました。明治時代の街道の往来は人力車、馬車・馬橇《そり》が主で、池上商店のやや北側は、街道沿いの馬具の街として栄え、馬車製造や蹄鉄の店が並んでいました。あちこちに客馬車の立場（待合所）があったようです。今も36号沿いにある自動車整備会社のワシダ商会は、馬橇製造業から始まっています。

その後、豊平橋が架け替えられ、１９２４（大正13）年に路面電車が初めて豊平川を渡りました。室蘭街道には、札幌の中心部とをつなぐ路面電車の駅ができ、その先には定山渓鉄道の豊平駅（移設後）がありました。また、豊平町役場庁舎が移転した一角には、伊藤菓子店（福井県出身）が豊平橋近くから同地に移り、長年、

札幌市公文書館所蔵：豊平橋の絵葉書（1920年代頃？）

菓子・パン店として営業を続けていました。

重蔵は、市中心部ではなく、少し外れた街道沿線に目をつけたところに、先見の目があったと言えるでしょう。太平洋戦争の開戦前まで、支店を市中心部（南3西5）に置いたものの、あくまで豊平を拠点に商売をしていました。

札幌市公文書館所蔵：1920年頃、豊平川から馬そりで氷を搬出する光景（『開道五十年記念札幌区写真帳』から）

札幌市公文書館所蔵：旧豊平駅（1931年）

札幌新潟県人会

新潟と北海道は、明治中頃まで続いた「北前船」で深く結びついています。とくに多くの新潟県人が北海道で商いを始めたことはよく知られています。さらに、重蔵の故郷である新潟県三条から北海道に渡って財を成した人たちがおり、重蔵にとっても北海道の地は、夢を抱き、叶える場所であったと思われます。

三条出身者には、北海道では「丸井さん」で親しまれる百貨店の丸井今井の創業者、今井藤七がいます。藤七は明治20年代には、兄弟を新潟から呼び寄せて室蘭、旭川、小樽、函館にも店を広げます。三条で自店への採用面接をするなど、多くの新潟県人を北海道に送り込みました。今井藤七が先鞭《せんべん》をつけた後、栗林五朔が1889（明治22）年に函館に渡り、後に室蘭で栗林商会を創設。函館に開業した日

1950年代の札幌新潟県人会

（札幌市南1西1　電337）
会　　長　高桑達雄
幹　　事　池津代利衛、長谷川開一、鈴木勘太郎、中村隆一
会計幹事　小熊幸四郎

（新潟日報社編『新潟県年鑑 昭和28年版』新潟日報社、1952年、356頁）

（札幌市南14条西4丁目9　伊夜日子神社内）
会　　長　富田政儀
副 会 長　今井保、高桑達雄
幹 事 長　中村竜太

（新潟日報社編『新潟県年鑑 1957年版』新潟日報社、1956年、348頁）

高桑達雄は、荒物雑貨商「高桑商店」（南1条西1丁目）店主。現在のMARUZEN&ジュンク堂書店が店の場所でした。富田政儀は弁護士で、北海道弁護士会長をしていました。

（新潟日報社編『新潟県年鑑 1964年版』新潟日報社、1963年、498頁）

魯漁業株式会社（現・マルハニチロ株式会社）の創業者、堤清六もまた三条出身。公介の妻、喜重子も新潟県三条出身で、喜重子の親戚筋にあたる広川新蔵もまた、北海道に渡り、函館水産販売株式会社社長、函館海産商同業組合長となっています。

戦後、札幌に嫁いだ喜重子は、三条で幼いころから公介の許嫁《いいなずけ》として育ちました。東京の大学へ進学、就職（東京・日本橋の国分商店）、そして単身で札幌の池上家に嫁ぎます。お舅である重蔵が、「知らない土地で寂しいだろう」と、札幌新潟県人会に行くようすすめます。喜重子は、会に参加しながら、札幌での生活に慣れていきました。「皆、親戚もおらず、同郷や近所の人たちと助け合って生きてきた」と喜重子は回想します。北海道の場合、故郷同志の紐帯《ちゅうたい》や近所のひとたちとの関係が強かったことがうかがえます。札幌の隣、江別の新潟県からの農業移民「北越殖民社」とは、また別のコミュニティが札幌にもありました。

越後屋

札幌で古くから商売を営む越後屋商店もまた名前の通り新潟県出身です。鷲頭熊七が新潟県三島郡岩塚村から移住し、南7条西3丁目に「越後屋商店」として米穀、酒類、食料品、荒物、雑貨商を営みます。池上商店の同業者として、『北海道職業別電話名簿大正12年版』（北日本商工社、1923年）の「荒物小間物化粧品卸小売商」の欄に名前が連なっています。越後屋商店は、岩塚村から親族を呼び寄せ、次々と越後屋商店を独立開業し、親族各店を集めて「越後屋商店会」（1936年）を組織します*2。

*2『北海道百年の歩み札幌編』今井印刷、1982年

時代の流れとともに業態転換

食品卸問屋としての池上商店は、本州からの大型スーパーマーケットの出店などに伴うメーカーの販売店系列化や、卸売業者などの中間業者を排除するといういわゆる「流通革命」の波をもろに受け、徐々に合理化を進めていました。１９７０年代末から80年代はじめに、池上商店の自宅兼店舗を活用してコンビニエンスストアを開業しています。最初はサンチェーン、次にサンクスと契約します。

池上商店のコンビニ開業は、札幌のコンビニエンスストア黎明期とまさに重なります。本州勢の店舗展開が加速した78（昭和53）年のセブンイレブン1号店「北三十三条店」（5月28日）の開店を皮切りに、「豊平旭町店」「南三十二条店」と続きます。サンチェーン（T・V・Bサンチェーン：本社東京）が78（昭和53）年10月に1号店「東屯田通店」、2号

卸問屋として営業する池上商店

店「新琴似八条店」をすでにオープンしており、翌年3月までに市内30店舗を開業するという計画を進めていた時期で、池上商店もその頃に契約したと思われます。フランチャイズ（加盟店）方式のセブンイレブンと違って、サンチェーンは直営方式によるもので、食料品を中心に生活必需品をそろえた長時間営業体制が特徴です。

さらに、82（昭和57）年にはサンクス（長崎屋100％出資の子会社）が札幌市内でチェーン展開を始めます。新聞記事によると、1号店は豊平区中の島（4月16日）、2号店は北区北31条西4に直営店をオープン予定で、他チェーンの加盟店からサンクスに移ることが予想されていました（「日本経済新聞」82年4月14日「コンビニ乱立時代」）。まさにこの時期に池上商店もサンチェーンからサンクスに替え、営業しています。但し、池上商店のコンビニ店としての営業は、通算で6年ほどでした。

コンビニ店舗跡を活用した池上学院

展示室B
たな

池上商店で扱っていた商品が棚に積み上げられている。1954（昭和29）年3月22日

たな

店と書いて「たな」と読みます。店、商家を指します。そのほかに、貸し家、借家の意味もあります。規模の大きな商店になると「大店《おおだな》」になります。

大店《おおだな》めざして

池上商店は大正半ばまでは小規模経営でした。小売だけの商いでしたが、次第に卸売りの比重が増えていきます。1922（大正11）年頃の札幌税務署からの「営業税課税標準決定通知書」によると、「物品販売業」「従業者3人」、売上金額の内訳は、卸売3万5千円、小売3万円（当時の銀行の初任給が50円）で、その後も着実に売り上げを伸ばしています。従業員3人とありますが、年季奉公や日雇い・臨時雇用者などはカウントされていないかもしれません。また、広告枠かと思われますが、北海道札幌区有名商工業者に池上商店が「洋酒缶詰商」として掲載されています。扱い品目は、「洋酒缶詰、砂糖石油、味噌醤油、果物漬物、荒物雑貨　卸商」となっていました*1。

*1　博信社編『大日本帝国商工信用録30版』博信社出版部、1920年

昭和時代はじめの商い

昭和初期の商いについては資料や記録があまり残されていません。『帝国信用録』に池上商店が評価付けで掲載されるようになったのは1927（昭和2）年からです。また重蔵は30（昭和5）年になると、新潟県三条町に設立された合資会社池上商店（代表：池上武）の設立に千円（当時の銀行の初任給が70円ほど）を出資しています*2。札幌での商売が軌道に乗ってきたからでしょう。

*2　大蔵省印刷局編『官報　1930年10月10日』1930年

創業時からの店舗

塩
ヤマサ醤油

店舗を新築

公介が「商家館」として活用しようとしていた建物は、1955（昭和30）年に新築した店舗兼家屋です。その建物内部には、店舗と家屋をつなぐように、6畳ほどの仏間がありました。この仏間には、重蔵がよく座っていました。

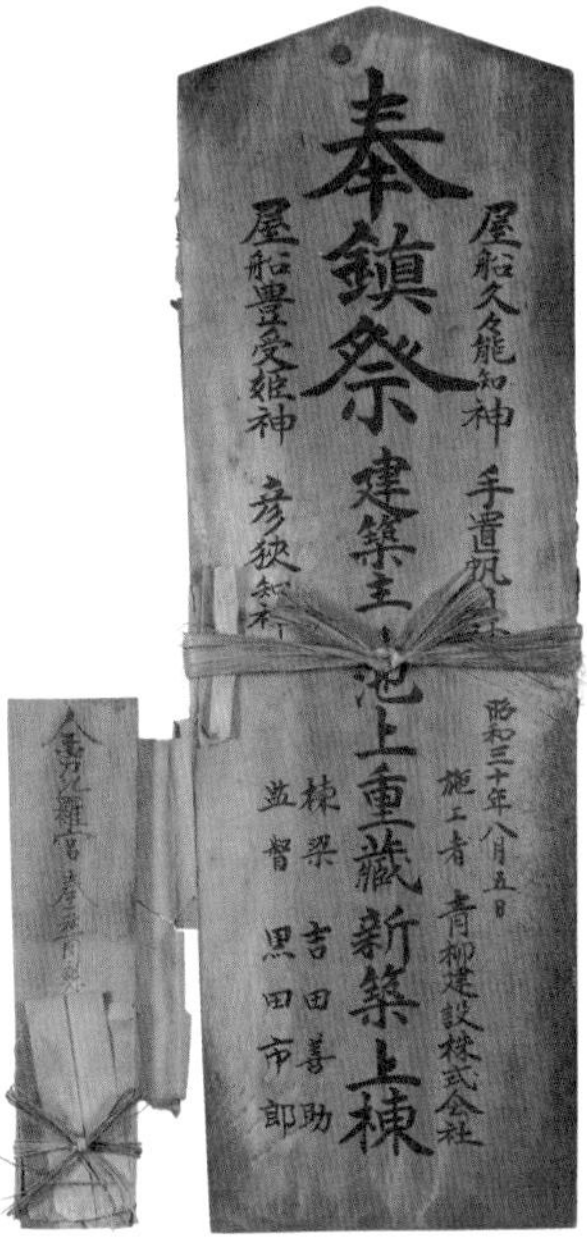

棟札

上棟式の様子（1955年8月5日）

サクラビールのアルバムに家族の歩み

ビール会社からの贈答アルバムには、池上家の歴史が刻まれています。

桜の花びらに「ＳＡＫＵＲＡ ＢＥＥＲ」の箔《はく》押しが施されたこのアルバムは、帝国麦酒株式会社からのノベルティです。サクラビールは１９１３（大正２）年に発売され、国内だけでなく海外でも販売されていました。アルバムの最初のページは本社と門司工場の全景写真。なお、２０２０年にはサッポロビールからサクラビールが復刻販売されています（21〜24年にも限定販売）。

ALBUM

名だたる仕入れメーカー

池上商店の仕入れ先は、味の素、雪印乳業、サッポロビール、ヤマサ醤油、マルキン醤油、キッコーマン醤油、白玉ソース、寿味噌、エスビーカレー、ハウスカレーなど、今も馴染みのあるメーカーばかりです。どれも直接取り引きをしていました。

戦後の経営

物資の統制されていた戦時中は、配給店として何とか営業を続けていました。従業員は出兵し、店に残されたのは重蔵とトヱのほかに、長女・貞子とその子ど

店の前にはオート三輪車

も3人だけでした。戦後は、戦地から復員した従業員が集まり、再び活況を呈します。1968（昭和43）年には、従業員が30人、売り上げが2億円となっていました*3。

*3　販売者要覧編『食糧年鑑 昭和43年版』日本食糧新聞社、1968年

池上トヱ

1955（昭和30）年に建て替えた店舗

姉・芙佐子のみた池上商店

公介の姉、池上芙佐子は1937（昭和12）年に札幌で生まれました。まさに日中戦争勃発の年です。2001（平成13）年に「一人の少女の目を通して見た戦中戦後の暮らしから、忘れかけているものがみえてきてほしい」と同人誌などで書き綴った文章を一冊の本にまとめています。その時々に織りなす小さな出来事を丁寧な描写で書き留めています。本書では、テーマごとに節の一部を紹介していきます。
（『池上商店物語：少女の目でみた昭和史』私家版、2001年）

池上芙佐子『池上商店物語』から

◉洪水だ！

「洪水だ。定鉄の豊平駅あたりや豊平小学校のほうから水が流れてきて、すぐそこまできている」

外からかけこんできたらしい番頭さんが息をきらして話している。

聞きつけて居間から店にでてきた祖父が指示をだす。

「家の中に水が入らないように店の雨戸を閉めろ。店頭の『白龍』（この当時の高級チリ紙）や虎印のマッチは濡れると大変だから倉庫の二階へすぐ上げろ」

この年新潟からきたばかりの店員さんと、正一さんも加わって両手でできるだけ持ち、倉庫の二階へ運んでいく。母と事務員さんに加勢して、道子さんと私も濡れると売り物にならない商品を手当たりしだい、棚の高い場所へと移していった。

番頭さんはネズミ対策として作られた金網の収納室から、砂糖、小麦粉をすぐそばにあるオート三輪の荷台に乗せていた。

「わあっ、穴室（商品貯蔵用の地下倉庫）が大変だ」

急に番頭さんが叫んだ。

すでに床の低い下店の裏口から土間を通って店内に入り込んだ水が、穴室の格子の蓋から浸水していて、蓋を押しあげたのだ。番頭さんが蓋を持ち上げると、朝の残り御飯を入れておいたお櫃《ひつ》がぷかりと浮いてきた。

軟石で囲んである地下室は夏場、大型冷蔵庫になる。バターなどの乳製品、ビールやサイダーなどの飲料水も何箱も積んであるはずだった。

水の底にある商品は、たぶん売り物にはならないだろうが、どんな状態か確かめ、使えるものはひきあげたい。皆おなじ気持ちだった。

（中略）

このときの売り物にならない水漏れの乳製品やビールなどの飲料水は、雪印乳業さんやサッポロビールさんが、見舞い金がわりに後日交換してくれたのだった。

◉初荷の日

二日、初荷の日は、いつもの時間に店の雨戸を開けるのだが、店員さん達は待ちきれないように浮きたっている。朝食を済ませた店員さんたちは、待ってましたとばかりにオート三輪に蔵から初荷の品を運び込む。景気づけの太鼓や撥（ばち）、鈴なども乗せていく。二台の車に荷運びをしている間に、店内にお客様も来る。年の始め、一番先に買物にきたお客様の売上げ金は、神棚にあげるしきたりになっていた。

「ことしも商売繁盛しますように」

社長の祖父を筆頭にして順番で家中が拝み、心を新たにする。

（中略）

店の者達がお得意廻りに出払うのと入れ替わりに味の素、雪印乳業、サッポロビール、ヤマサ醬油など、名だたるメーカーの人達が、これも車に旗をたてて年始にみえる。

展示室C
もの

味の素
飲料
カルピス
日本一の銘酒
日榮
ニチ エー
中村酒造店吟醸
銘酒
清酒にまさる酔ひごこち!
新清酒
焼酎
三重縣酒類興業株式会社
一番良い酒
千歳鶴
醇良焼酎

郵 便 は が き

料金受取人払郵便

札幌中央局
承　　認

2337

差出有効期間
2024年12月
31日まで
（切手不要）

0 6 0 - 8 7 5 1

6 7 2

（受取人）

札幌市中央区大通西3丁目6

北海道新聞社 出版センター

愛読者係

行

お名前	フリガナ			
ご住所	〒□□□-□□□□　　都道府県			
電話番号	市外局番（　　） —	年齢	職業	
Eメールアドレス				
読書傾向	①山　②歴史・文化　③社会・教養　④政治・経済 ⑤科学　⑥芸術　⑦建築　⑧紀行　⑨スポーツ　⑩料理 ⑪健康　⑫アウトドア　⑬その他（　　　）			

★ご記入いただいた個人情報は、愛読者管理にのみ利用いたします。

愛読者カード

池上商店 夢の商家館

本書をお買い上げくださいましてありがとうございました。内容、デザインなどについてのご感想、ご意見をホームページ「北海道新聞社の本」の本書のレビュー欄にお書き込みください。

このカードをご利用の場合は、下の欄にご記入のうえ、お送りください。今後の編集資料として活用させていただきます。

〈本書ならびに当社刊行物へのご意見やご希望など〉

■ご感想などを新聞やホームページなどに匿名で掲載させていただいてもよろしいですか。（はい　いいえ）

■この本のおすすめレベルに丸をつけてください。

高（ 5・4・3・2・1 ）低

〈お買い上げの書店名〉

都道府県　　市区町村　　書店

看板《かんばん》

池上商店には数々の看板が残されています。創業時からの古い店舗では、千歳鶴（日本清酒株式会社）、ヤマサ醤油や味の素の看板が路面に掲げられていました。ホーローの縦長看板では、サッポロビールや日本盛などがあります。また、店舗前に停められていた荷物運搬用のオート三輪車には、「むすめ酢の素」（近藤造酢株式会社／大阪：1909年創業）のペイントが施されています。看板などからその時代の商品を読み取ることができます。

看板《かんばん》

木製看板は、厚い無垢板に手で文字を彫り、塗装を施したものです。池上商店で一番大きな木製看板は、佐渡島に古くからある羽茂味噌合資会社のものです。羽茂味噌合資会社は1898（明治31）年に創業し、1967（昭和42）年にマルダイ味噌合資会社に社名変更。佐渡島と北海道とのつながりが深いのは、明治以降、佐渡島から北海道に移住、あるいは出稼ぎ者が多く、ふるさとの味を求めた需要が多かったからです。また、羽茂味噌合資会社そのものが海路を利用して「外地」である朝鮮、台湾、樺太、満州、そして北海道にも特約店を持ち、販路を拡大していました。

IN EVERY HOUSE
ハウスカレー
ハウス製品特約店
池上商店

登録商標
日本盛
光輝振海外
清酒

血をます
滋養強壮
規那鐵葡萄酒

看板《かんばん》

かんばん
看板

TRADE S&B MARK
ヱスビーカレー
特約店
株式會社 池上商店

SAKURA BEER
サクラビール
國産
ASAHI BEER
アサヒビール
SAPPORO BEER
札幌ビール
大日本麥酒株式會社釀造
YEBISU BEER
ヱビスビール
宮内省御用達
大日本麥酒株式會社釀造
大販賣所

半纏《はんてん》

店名の入った半纏は商家の仕事着であり、酒造会社の銘が入ったものは、取引先へのご祝儀・贈答品として配られていました。銘や柄は宣伝にもなり、販売促進用の品でもあったのです。襟に商品名と会社名を入れ、背中には商品のロゴマークが施されていて、意匠としての面白さがあります。

天下一品 櫻正宗
天下一品 櫻正宗
宗 宗

正櫻正

ヱビスビール
ヱビスビール

ヱビスビール ヱビスビール

御誂印半天
サクラビール
帝國麥酒株式會社

サクラビール

半纏《はんてん》

サッポロビール
サッポロビール

サッポロ
ビール

金線サイダー
三矢サイダー

ユニオンビール

キリンビール
キリンビール
ER KI

キリンビール
キリンビール
RIN-BE

帆前掛け《ほまえかけ》

帆前掛けもまた、商店の重要なアイテムです。厚手の綿織物でできており、作業用エプロンとして重宝されていました。また、火野葦平の小説『花と龍』では「煙草の火を、あわてて、帆前掛けで、もみ消した」とあり、その丈夫さから、熱から身を守ったりもしていたようです。看板と同様にメーカーから各商店に贈答・配布され、商品の宣伝にも一役かっていました。

宮内庁御用達
櫻正宗
山邑酒造株式會社

紅一点
マルノ味噌
岩田釀造株式會社

美味
芳香
チキンソース

麒麟麦酒

TAKANO
染

IN EVERY HOUSE
登録商標
ハウス
わさび
株式会社ハウスカレー浦上商店

帆前掛け《はまえかけ》

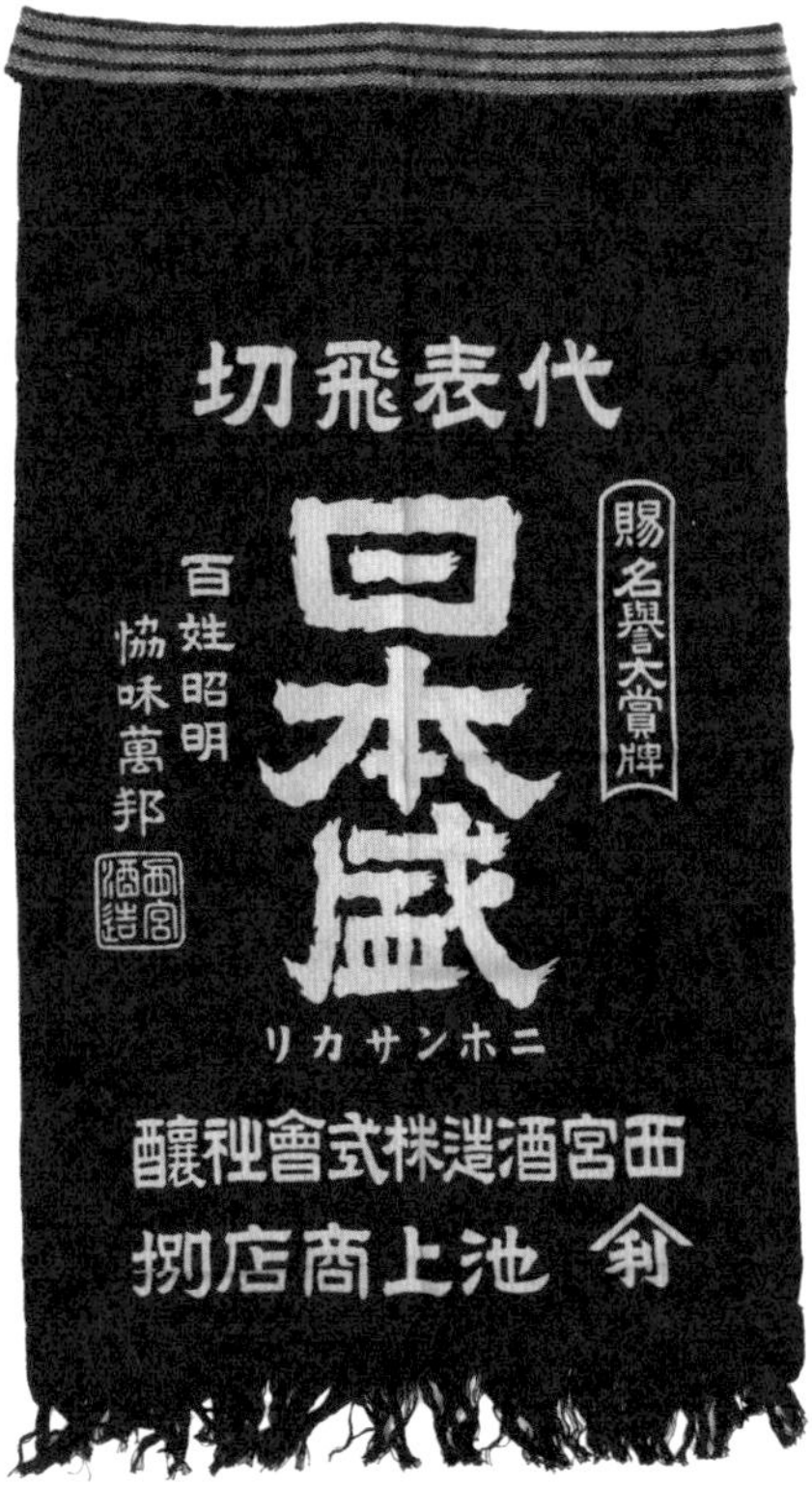

文字の右横書きは珍しい

帆布製の酒瓶入れ

天然醸造
井
マル井味噌

佐渡
大
マルダイみそ
マルダイ味噌合資会社

粗品
カゴメ
愛知トマト株式會社
カゴメ
ソース
カゴメケチャップ本舗
愛知トマト株式會社

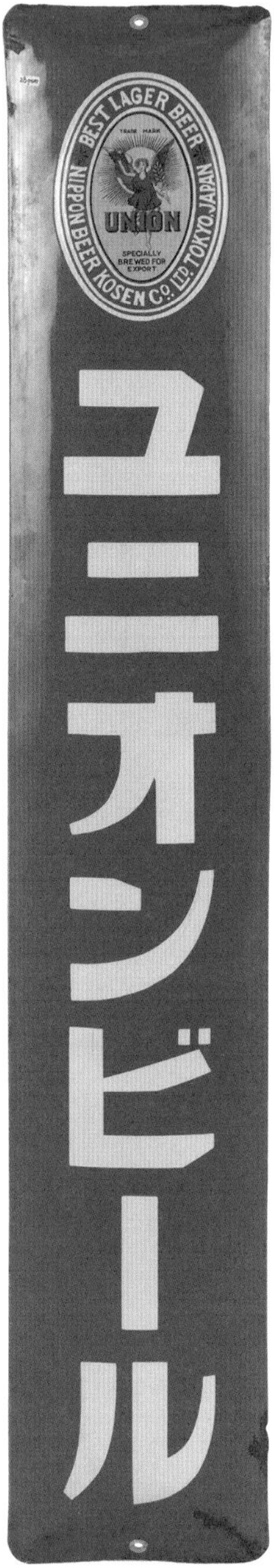

ホーロー看板《ほーろーかんばん》

屋外広告の媒体として食品、学生服、新聞、たばこなどのホーロー看板があります。各商店での取扱商品を店頭で「見せる」目的もありました。池上商店の場合は、酒販売店として日本酒やワイン、ビールなどの銘柄が多かったようです。古い店舗写真には雪印ミルクやマルキン醤油、ヤマサ醤油などの看板が店頭に掲げられていました。商家館の開設に向けて購入したものもあり、総数は70点ほどにもなります。

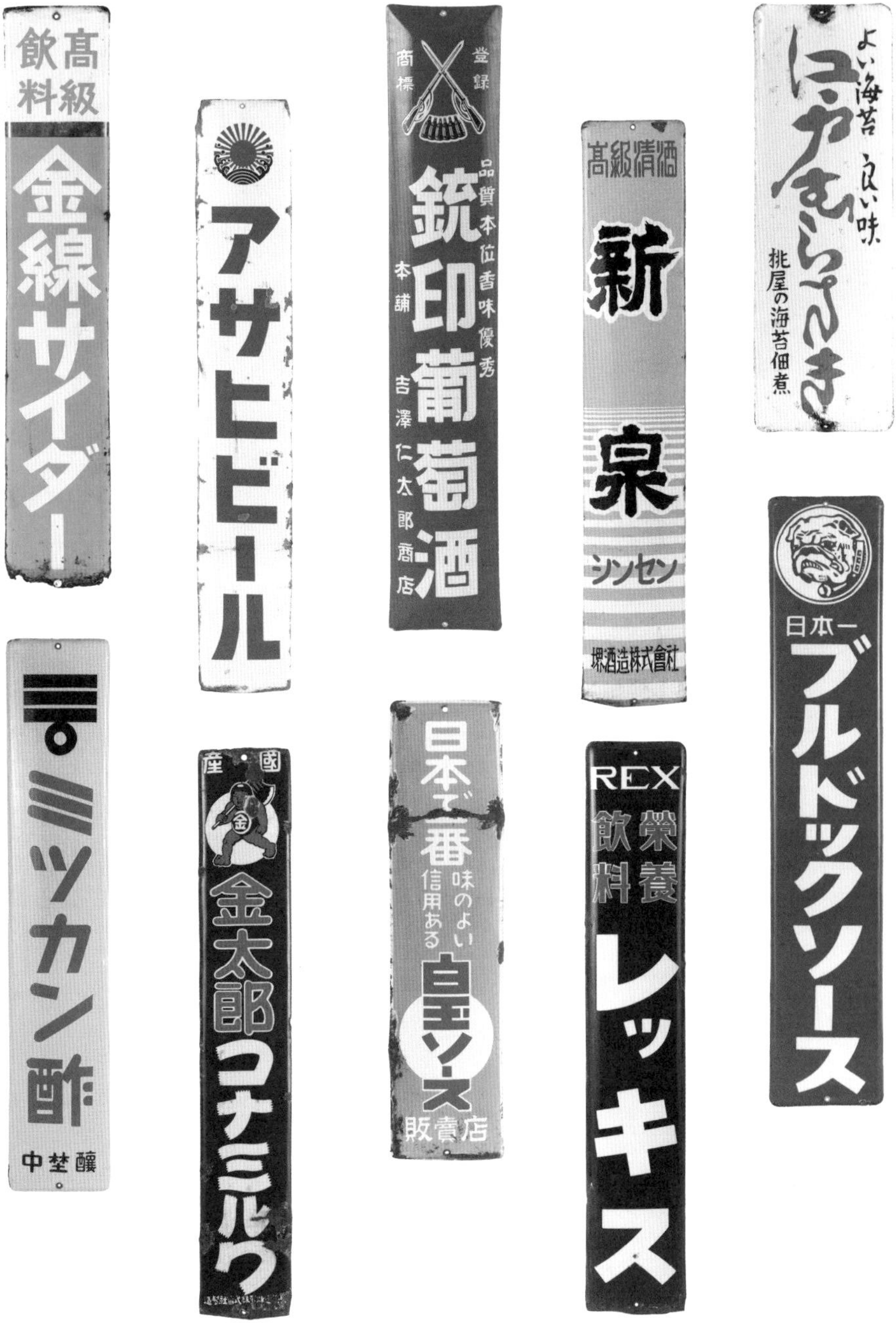
高級飲料
金線サイダー
アサヒビール
登録商標
品質本位香味優秀
銃印葡萄酒
本舗 吉澤仁太郎商店
高級清酒
新泉
シンセン
堺酒造株式會社
よい海苔 良い味
桃屋の海苔佃煮
日本一
ブルドックソース
ミツカン酢
中埜醸
國産
金太郎コナミルク
日本で一番
味のよい
信用ある
販賣店
REX
榮養飲料
レッキス

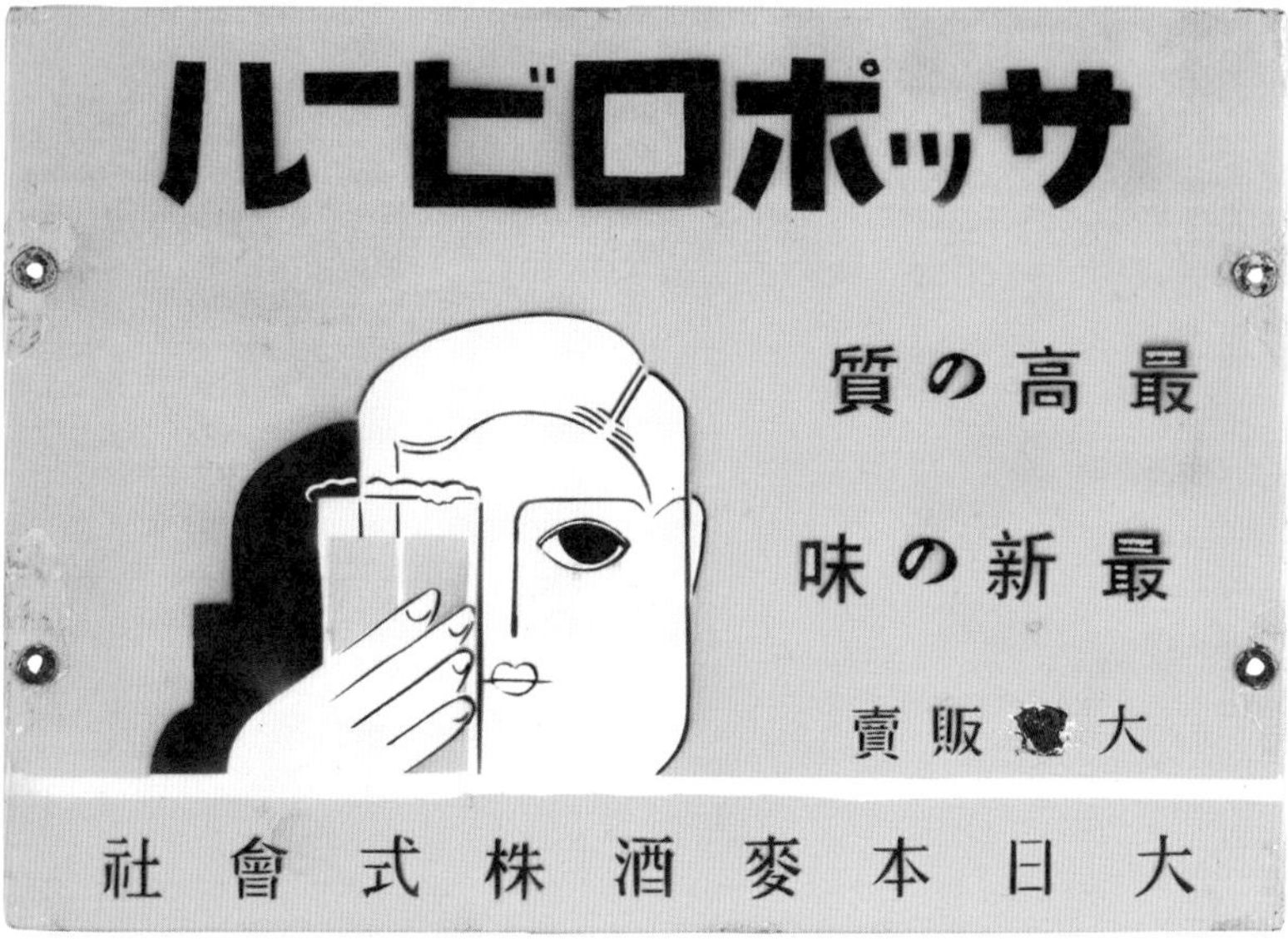

ほーろーかんばん
ホーロー看板

滋強飲料
カルピス

寳燒酎
寳酒造株式會社

AKADAMA BRAND
REGISTERED TRADE MARK
美味 滋養 葡萄酒
赤玉ポートワイン

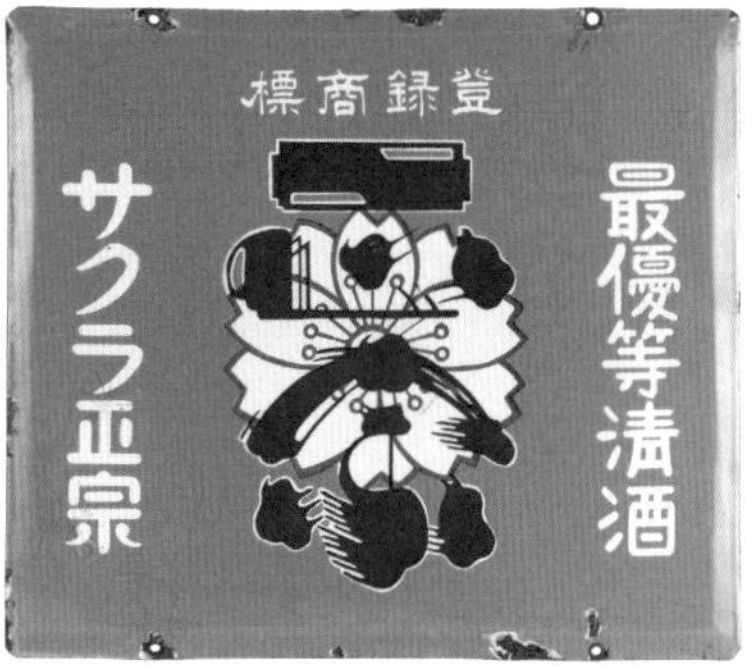
登録商標
サクラ正宗
最優等清酒

UNION
BEER
ユニオンビール
宮内省御用達
東京銀座
日本麦酒鑛泉株式會社

ビール関連《びーるかんれん》

ビールの販売促進用ノベルティには、小さいものではお年玉用のポチ袋や紙ナプキン、グラス類があります。珍しいものでは提灯が残されていました。池上家ではサクラビールのアルバムに家族の写真が納められています（34頁）。また、トヱが大切に使っていた「がまぐち（財布）」にはサッポロビールの星マーク（五稜星）が刻まれています。

トエが愛用していたサッポロビールのがまぐち

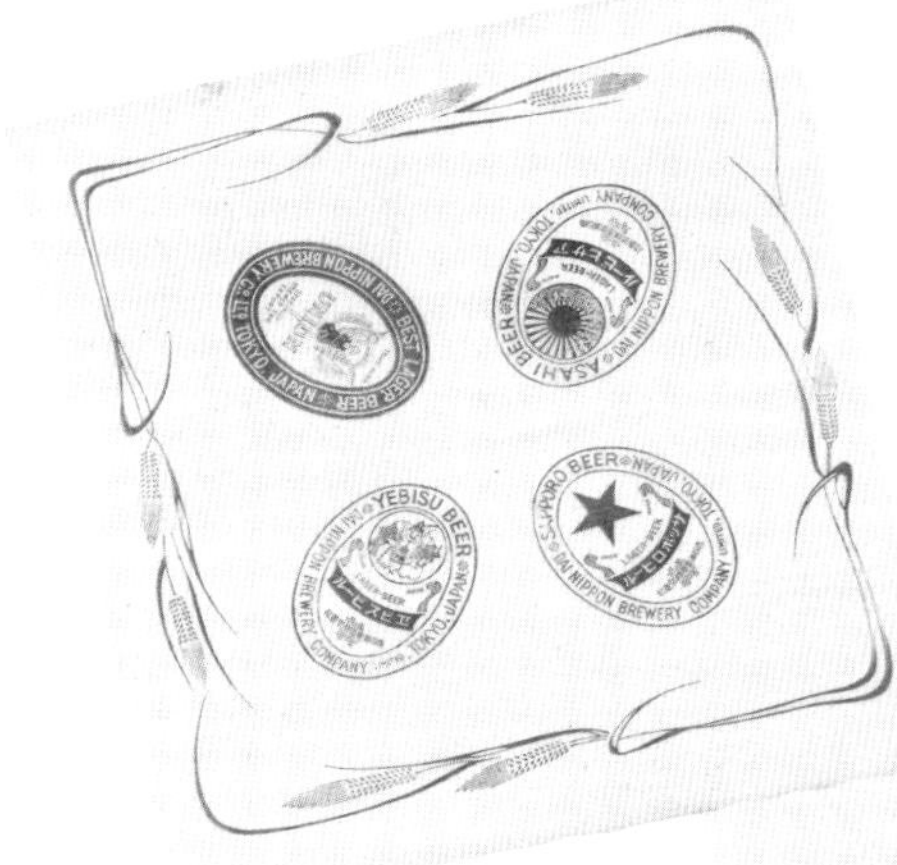

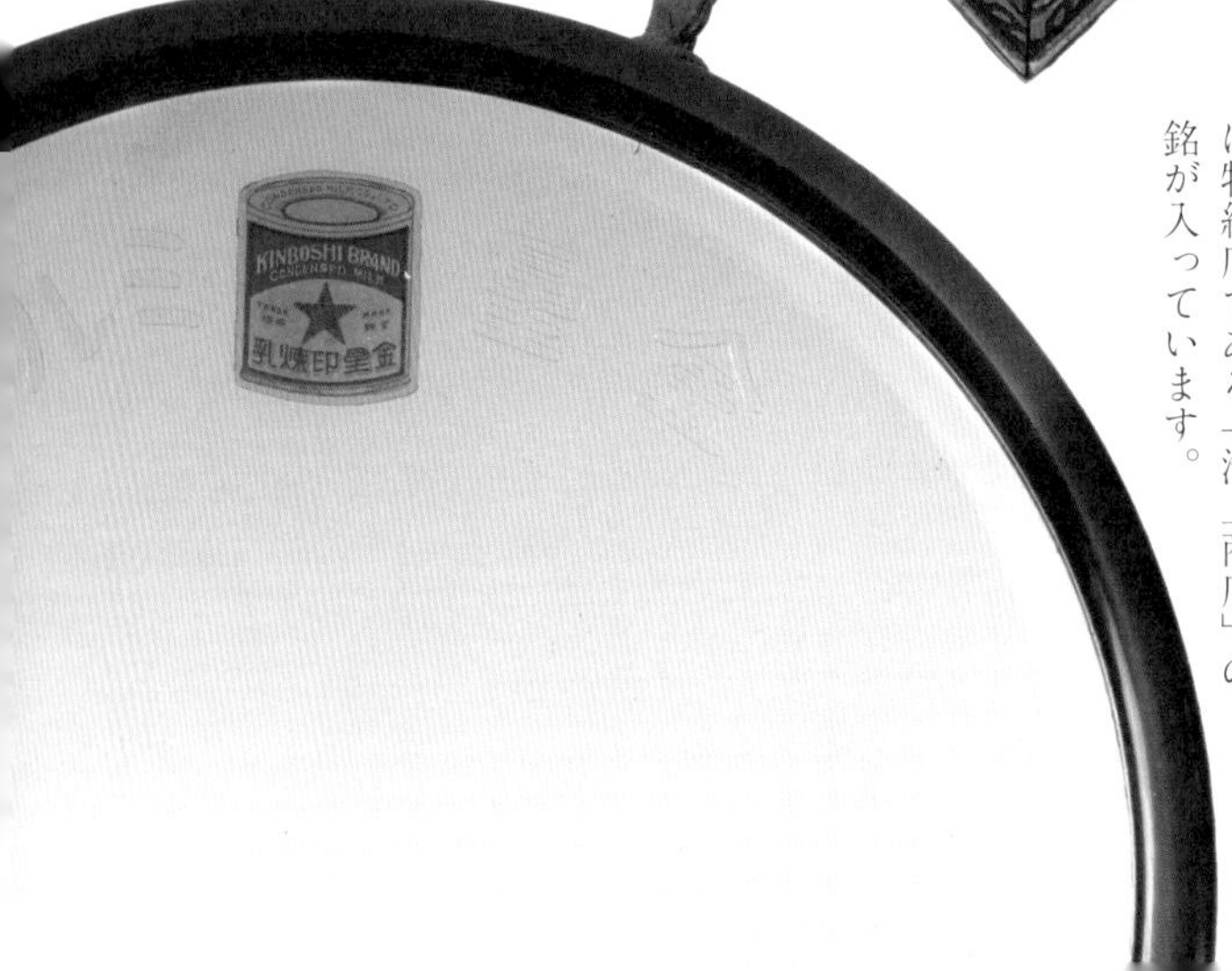

鏡《かがみ》

鏡のコレクションにも圧倒されます。これもまた、メーカーの販売促進用として特約店などに提供されていました。鏡の上部には商品ロゴ、下部には会社名が入っています。ビールや日本酒メーカーのほかに、「むすめ酢」（近藤造酢株式会社）には特約店である「池上商店」の銘が入っています。

特約店
RARE OLD
Super
NIKKA WHISKY

郵便はかき

暑中御伺ひ申上ます
昭和六年盛夏
大阪市浪速區河原町
株式會社
好かるゝものは勝者なり
萬人向きの白玉ソース亦然り

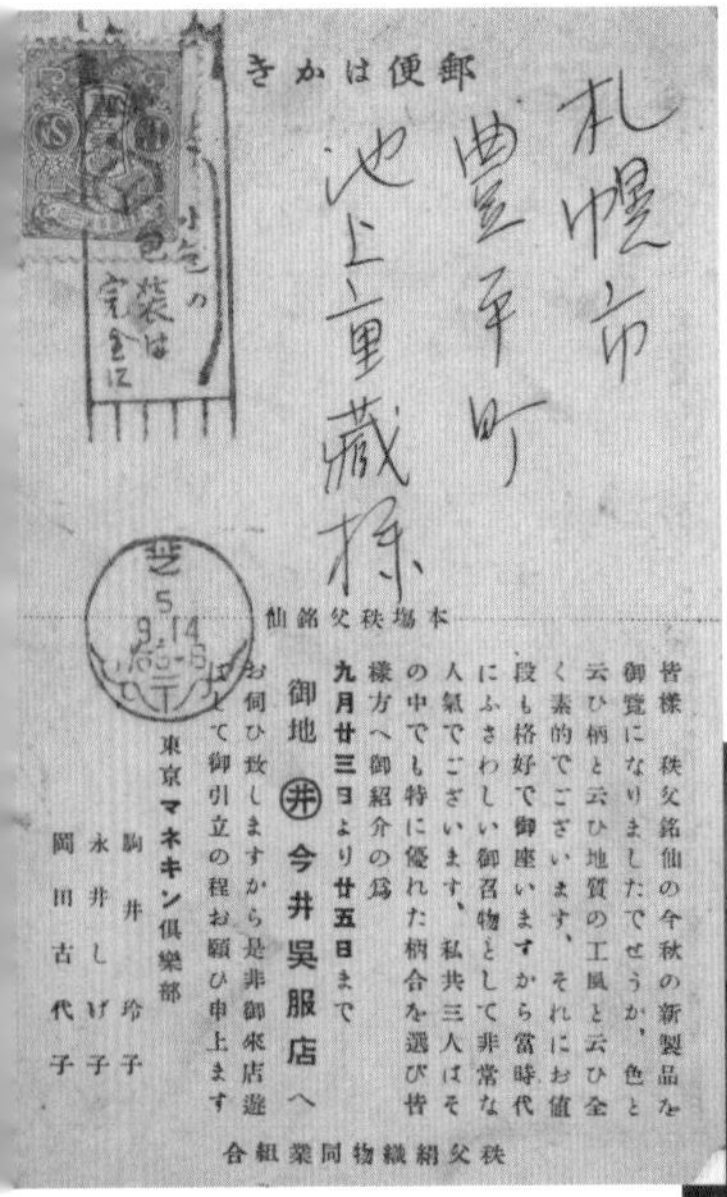
郵便はかき

札幌市
豊平町
池上重藏様

本場秩父銘仙

皆様　秩父銘仙の今秋の新製品を御覧になりましたでせうか、色と云ひ柄と云ひ地質の工風と云ひ全く素的でございます、それにお値段も格好で御座いますから當時代にふさわしい御召物として非常な人氣でございます、私共三人はその中でも特に優れた柄合を選び皆様方へ御紹介の爲

九月廿三日より廿五日まで

御地　㊋　今井呉服店へ

お伺ひ致しますから是非御來店遊して御引立の程お願ひ申上ます

東京マネキン倶樂部
駒井玲子
永井しげ子
岡田古代子

秩父絹織物同業組合

はが《き》

葉書《はがき》

今でいうDM類です。景品付き売り出しの案内から出荷案内、暑中見舞いなどが木箱に入れられていました。ここでは実際に送られてきた印象的な絵柄の葉書を集めました。

郵便はがき
CARTE POSTALE
札幌市
豊平三ノ五
池上重蔵様
キッコーマン醤油
野田醤油株式會社
昭和八年四月

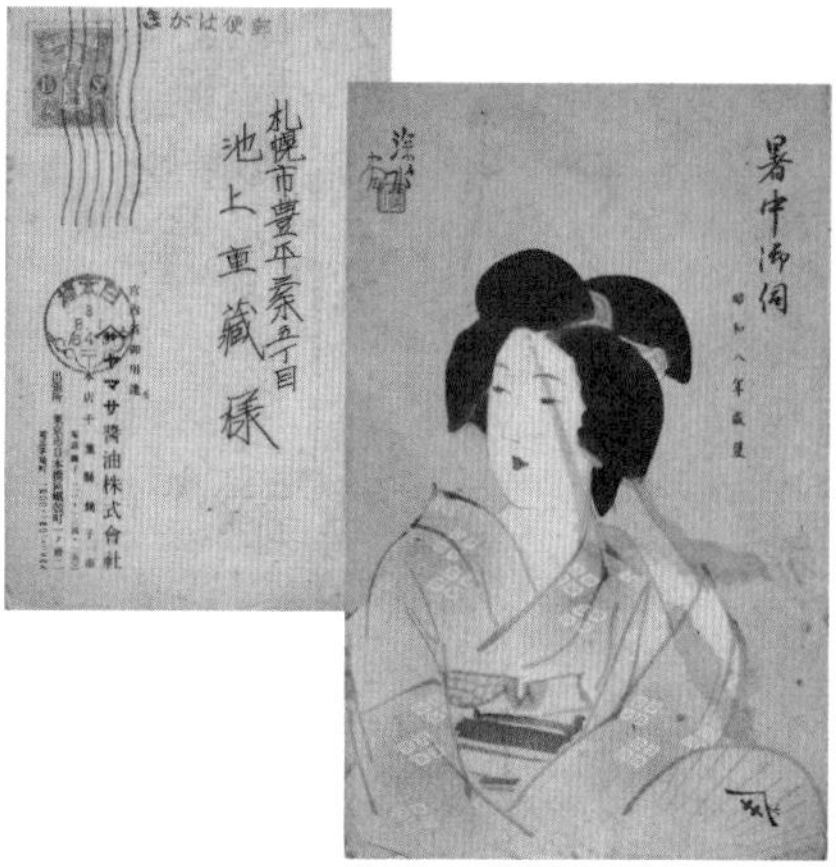

郵便はがき
池上重蔵様
ヤマサ醤油株式會社
暑中御伺

郵便はがき
池上重蔵様
暑中御見舞
蜂ブドー酒

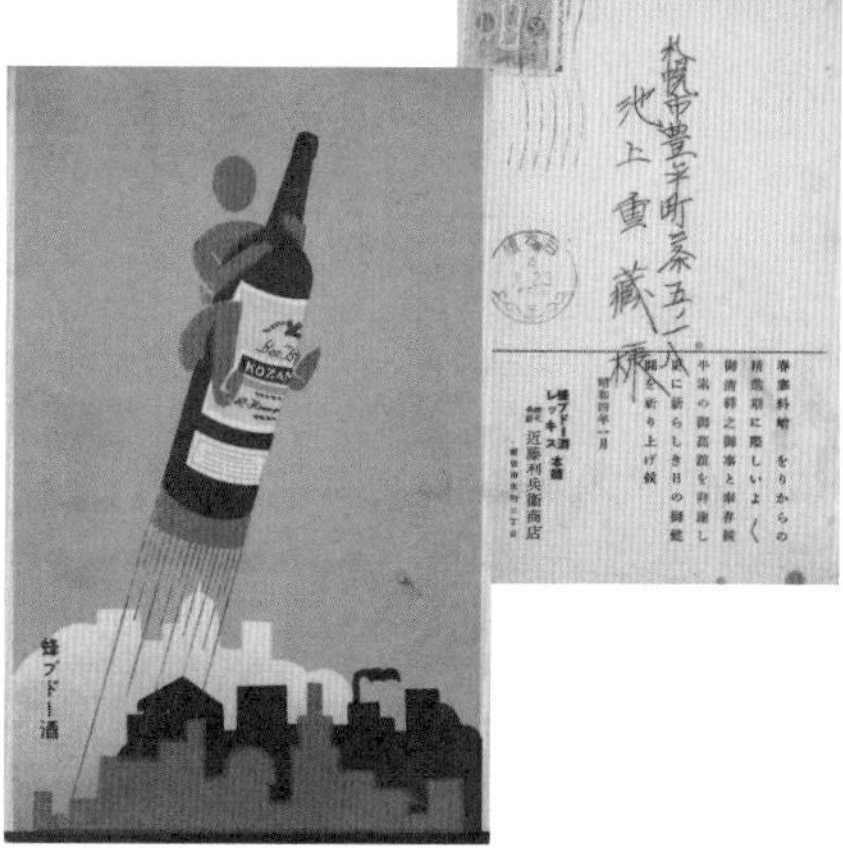

郵便はがき
池上重蔵様
蜂ブドー酒

池上公介はポスターの蒐集をしていました。丸井今井百貨店の前身である今井呉服店のポスターは斬新なデザイン。また、リボンシトロンやカルピスなどの飲料のポスターは昭和レトロの絵柄です。

ぽすたー

ポスター

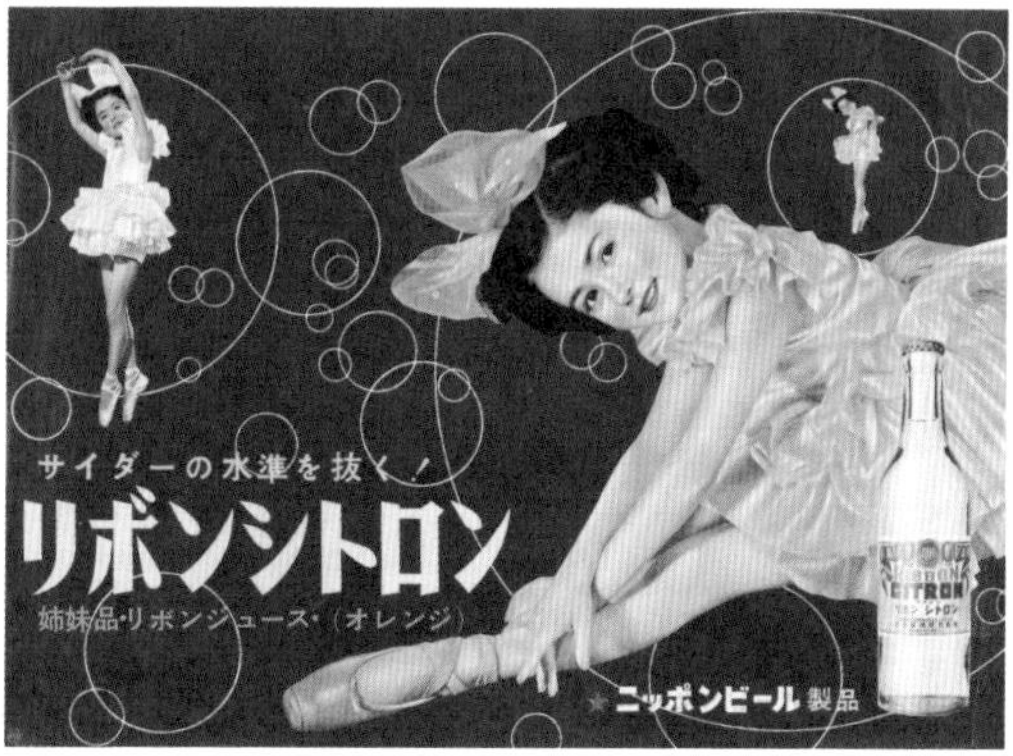
サイダーの水準を抜く！
リボンシトロン
姉妹品・リボンジュース・（オレンジ）
ニッポンビール製品

天下一品
年末・年始の御進物に……
キッコーマン醤油
樽詰・化粧函・罐入り

滋養飲料
カルピス

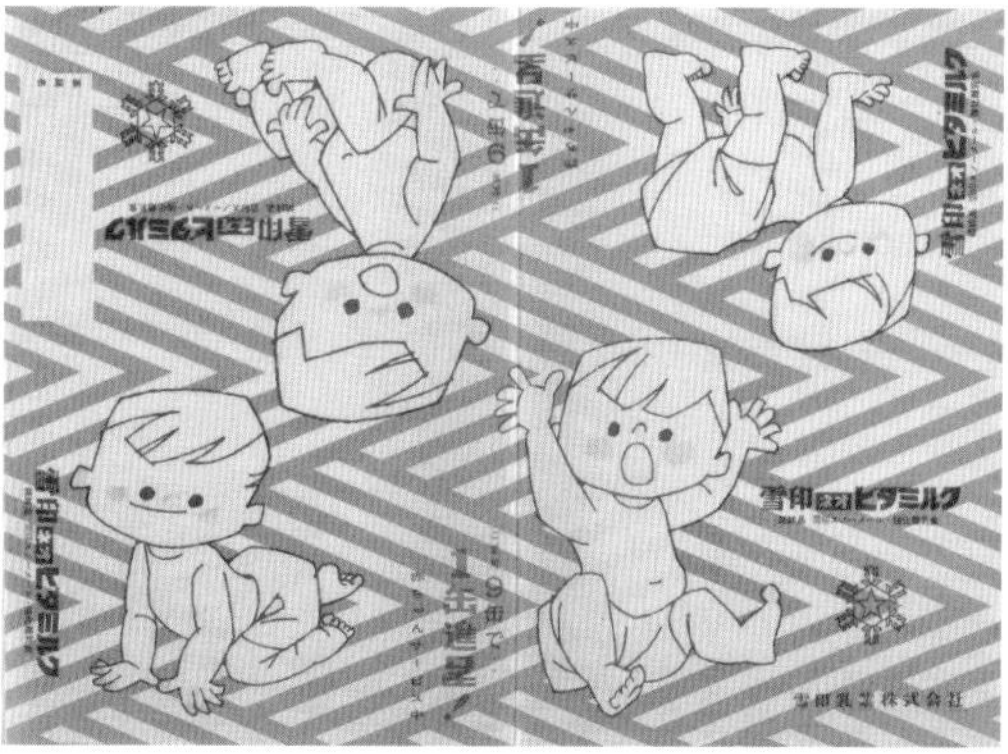
雪印ビタミルク
雪印乳業株式会社

ラベル《らべる》

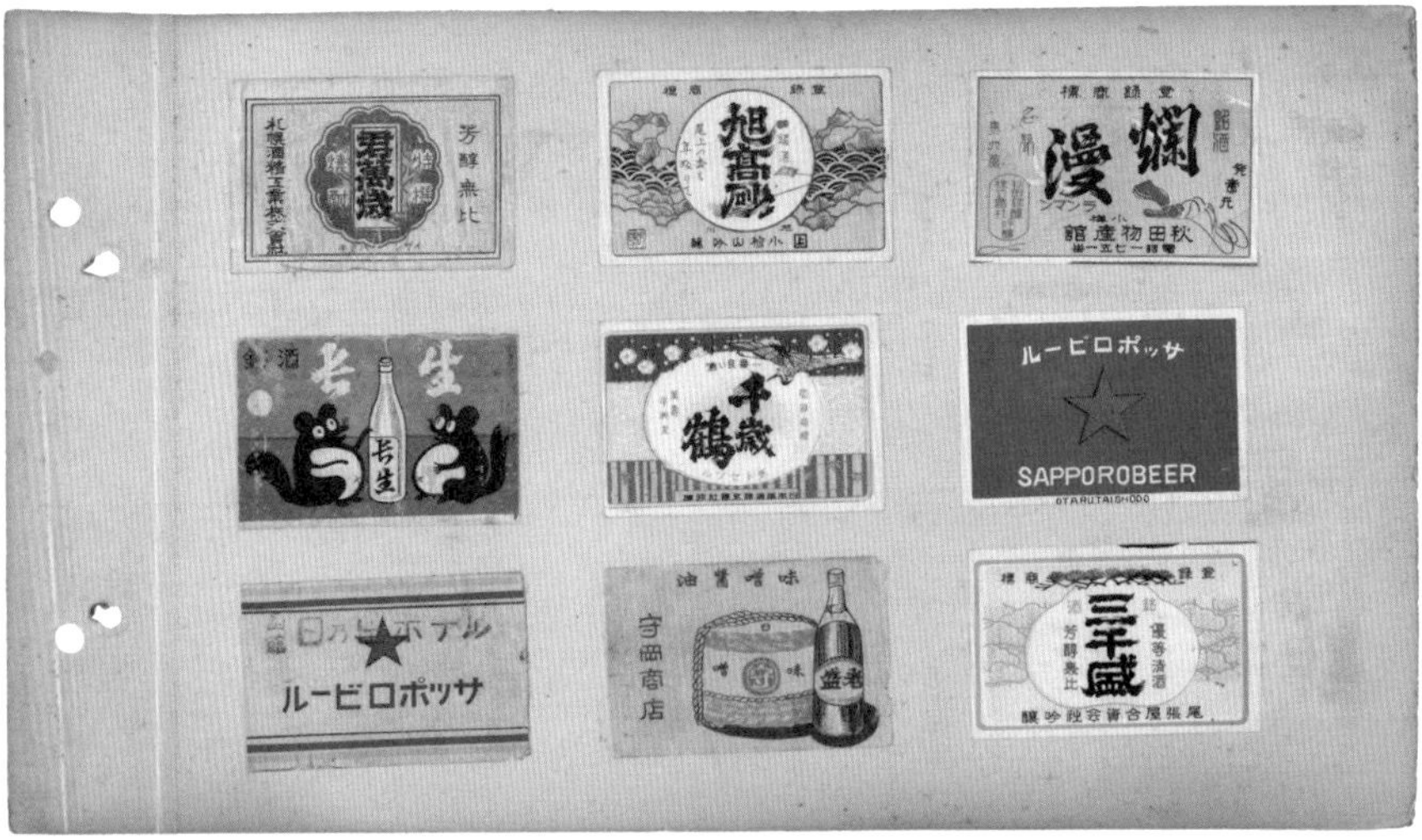

芳醇無比
サッポロビール
SAPPOROBEER
守田商店

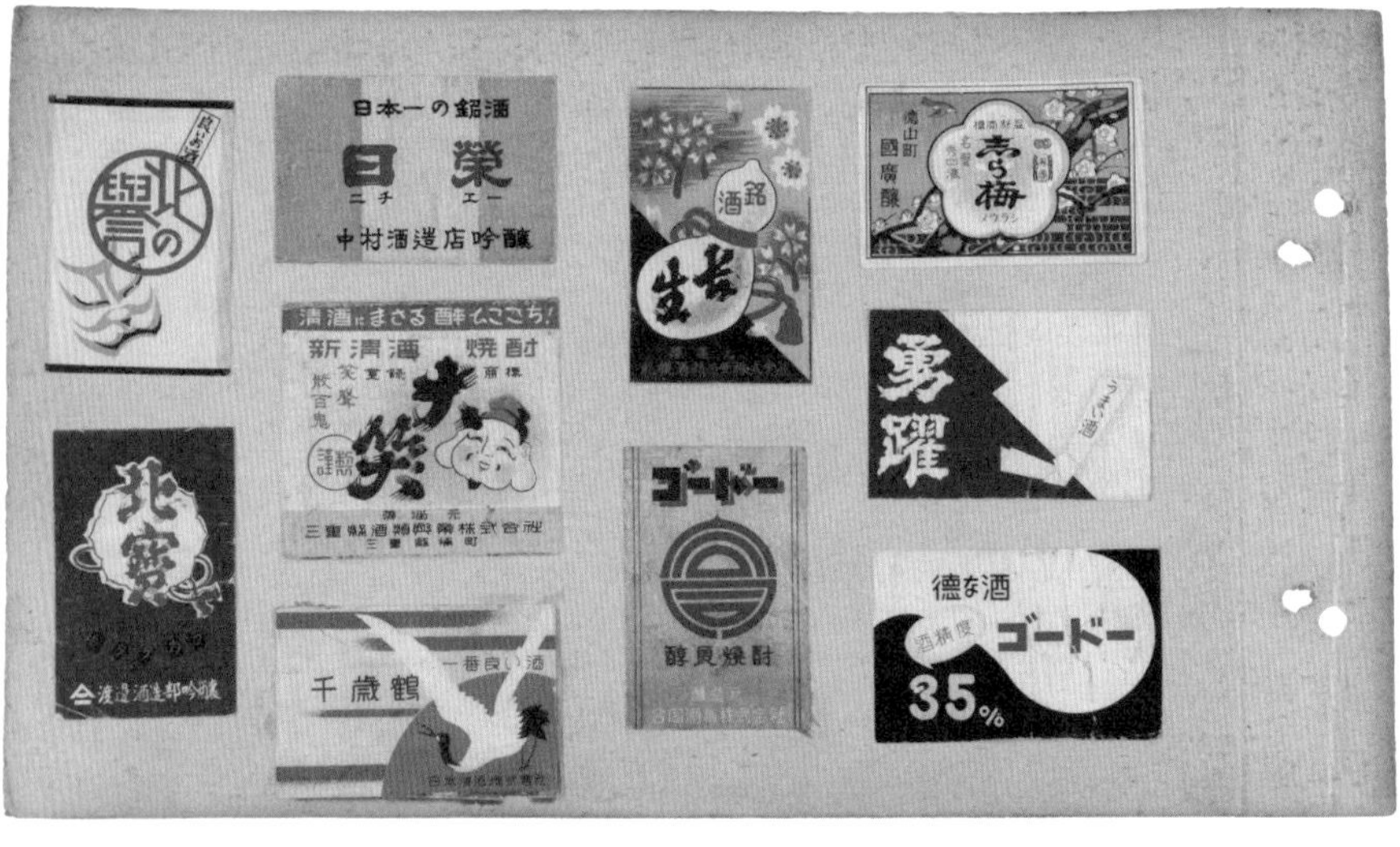

日本一の銘酒
日榮
ニチエー
中村酒造店吟醸
清酒にまさる酔ごこち!
新清酒
焼酎
千歳鶴
一番良い酒
ゴードー
勇躍
うまい酒
徳な酒
ゴードー
35%

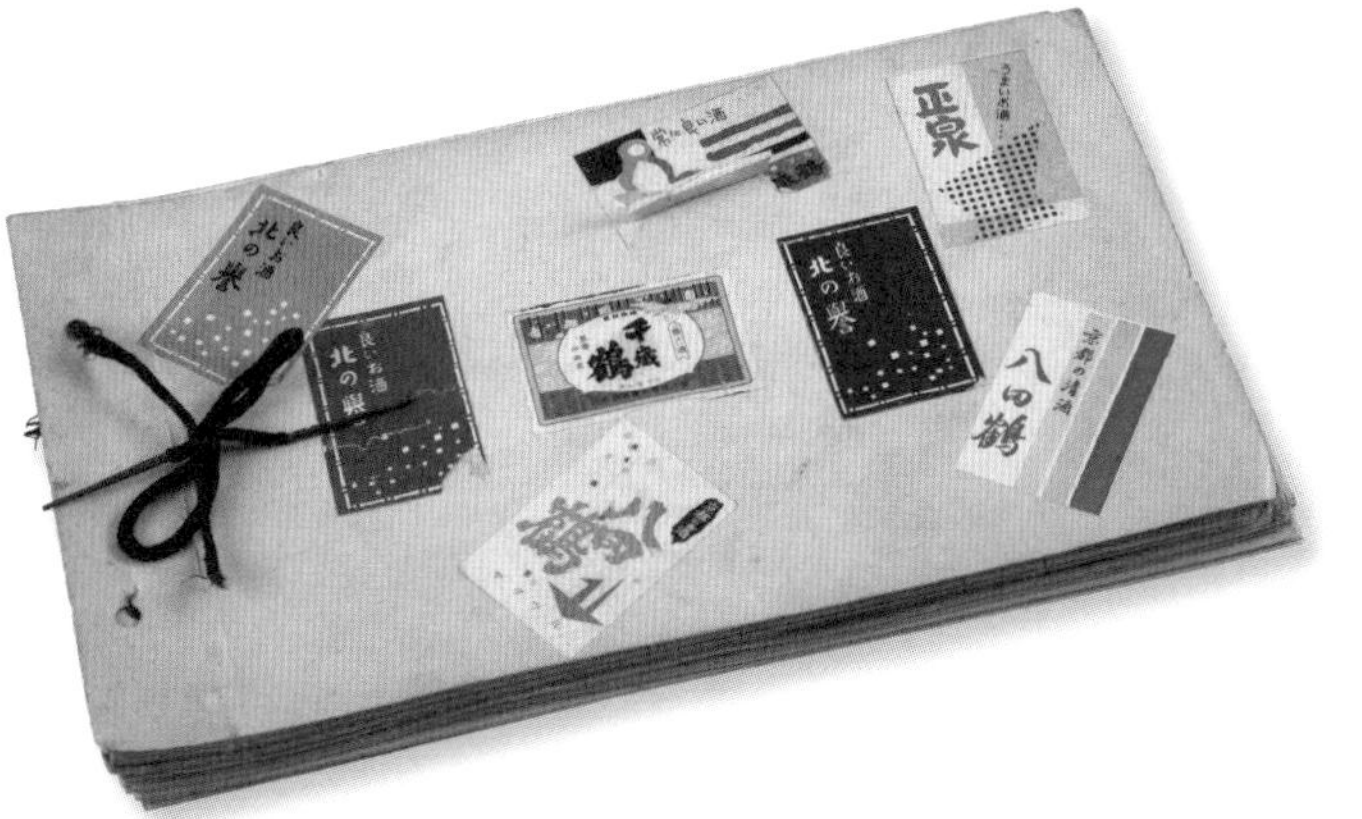

お酒などのラベルのスクラップブックは後から蒐集したものです。倉庫の引き出しに数冊保管されていました。

ハウスカレー

札幌
北野家

カゴメクレンザー
KAGOME CLEANSER

おもしろノベルティ

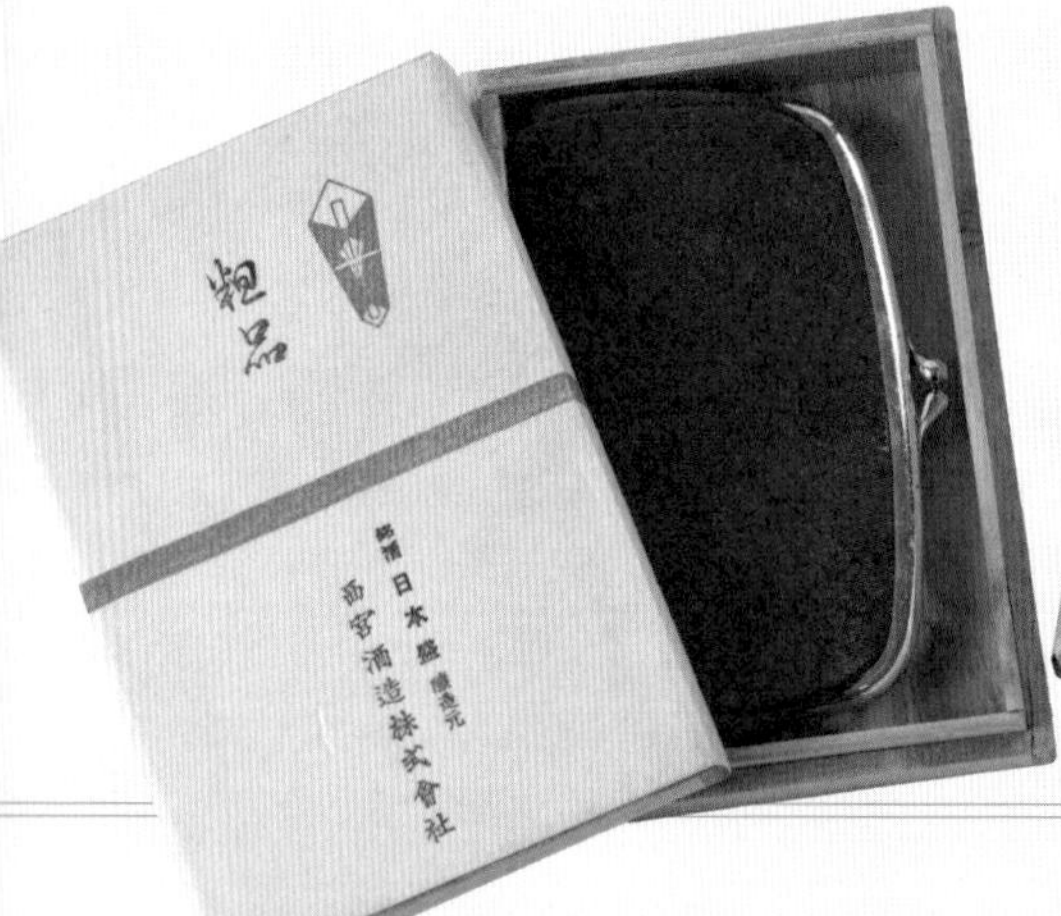

粗品
日本盛醸造元
西宮酒造株式會社

粗品
丸金醤油株式會社

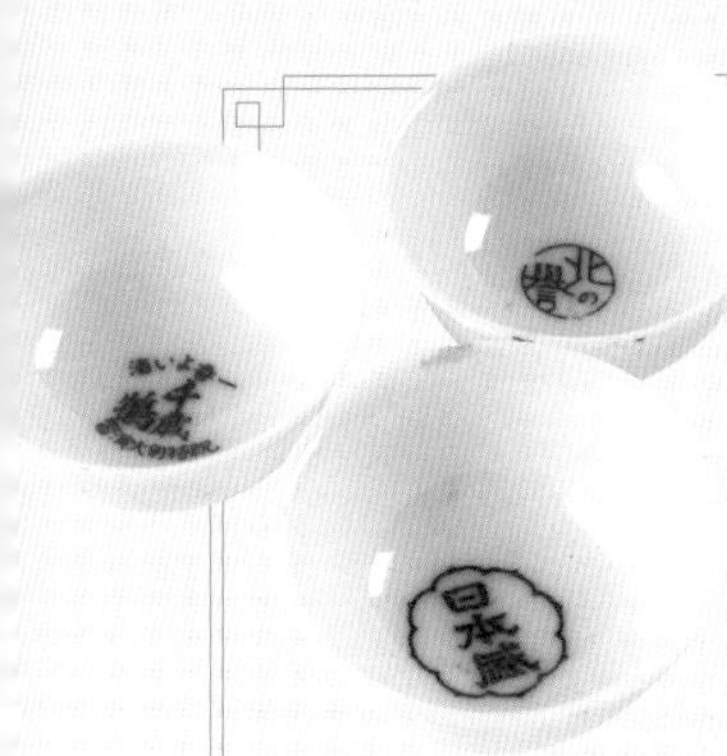
北の誉
日本盛

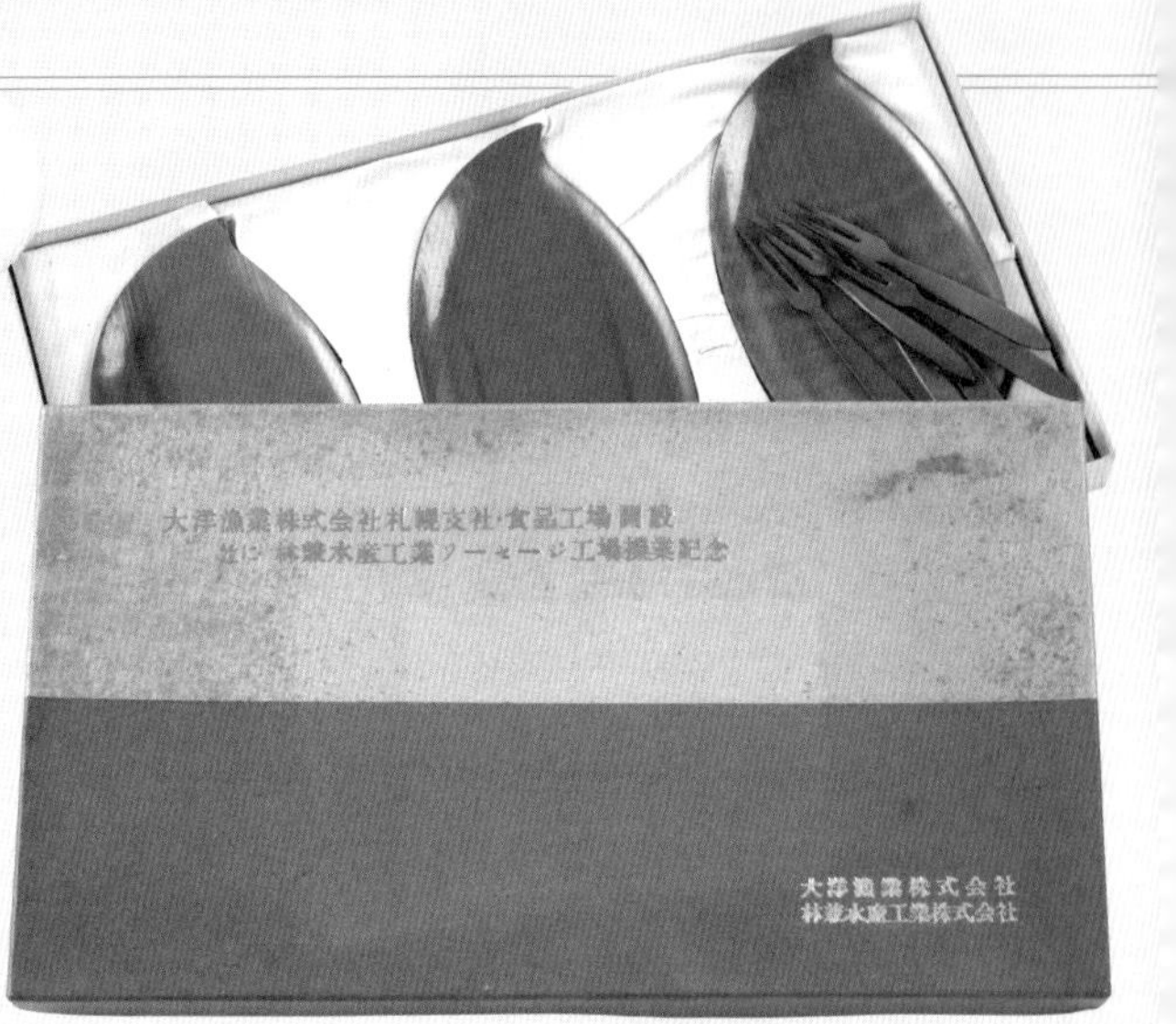
大洋漁業株式会社札幌支社食品工場開設
並に 林兼水産工業ソーセージ工場操業記念
大洋漁業株式会社
林兼水産工業株式会社

汽車印ソース

吉澤仁太郎藥房

おもしろノベルティ

ハコ

陶磁器
ホーロー

記念品

北海道酒類販売株式会社（北酒販）からの記念品

展示室D

ちょうば

池上商店
池上商店

北海道札幌市
豊平三条五丁目八

金庫が置かれた帳場（事務所）の様子。着物と背広姿が混在

帳場と店

帳場に鎮座していたのは大きな金庫。鍵がかかり、二重の扉がありました。帳場は、いわゆるお金の出し入れや帳簿をつけるなど、経理・会計事務を行うところです。池上商店では、会計担当者を「帳場さん」と呼んでいました。

戦後に立て替えた店舗は北陸特有の配置になっていて、住居と店舗・帳場（図面では事務所）の境となる中央部に仏間が置かれていました。ここによく座っていた重蔵の写真が何枚かあります。炉が切ってある仏間は皆から「茶の間」と呼ばれ、縁側を背に、国道36号に向き、炉を前にしていつも重蔵が座っていました。

冬の暖房は火鉢とストーブ。池上商店

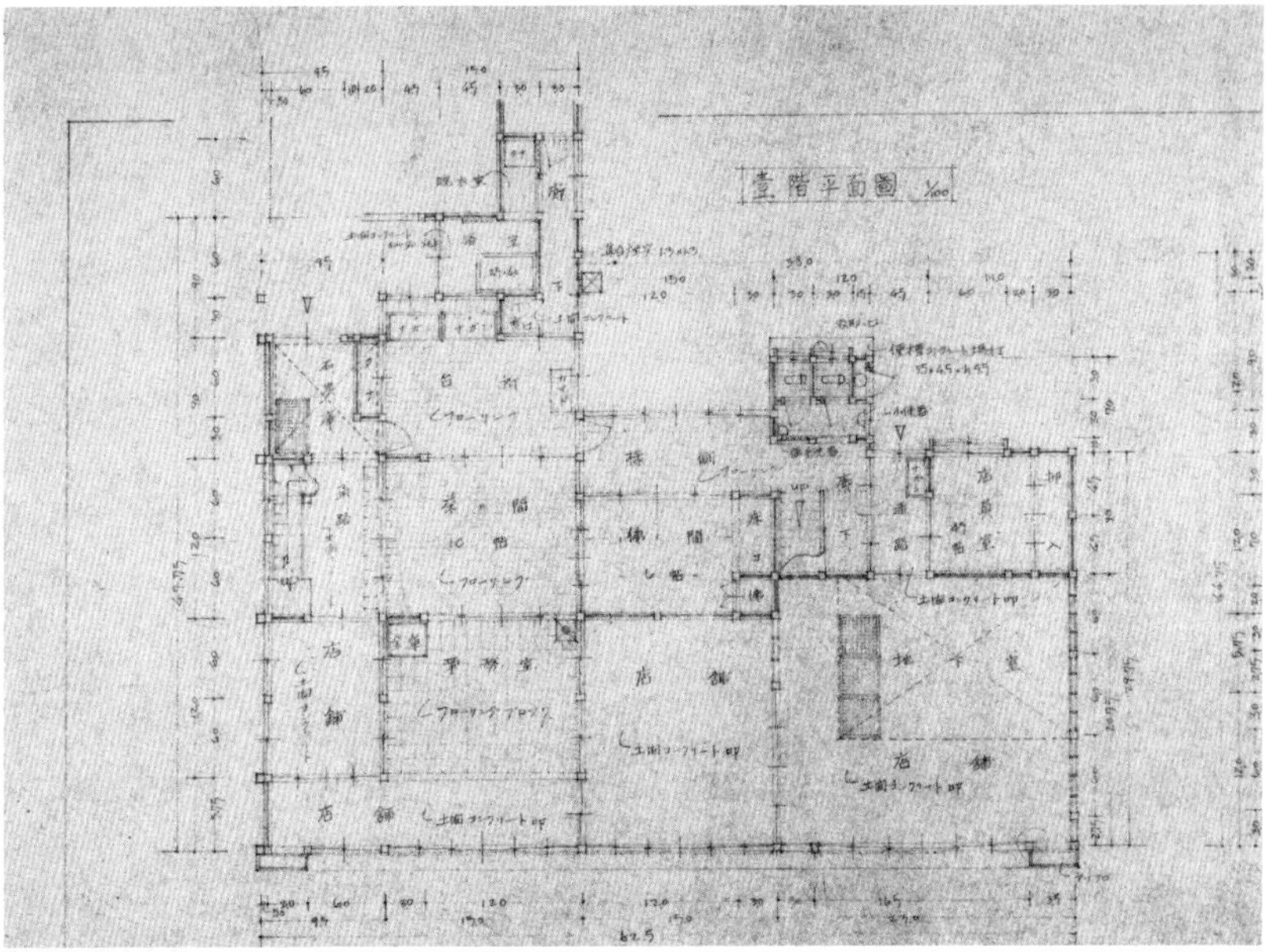

一階平面図。中央に仏間

にはたくさんの火鉢が残っています。なかには、取引先の銘が入った贈呈品もありました。火鉢の上には鉄瓶が置かれ、湯気が舞い上がっていました。今でいう湯沸かし器と加湿器の役目をしていたようです。

時計は、柱時計振り子型から、掛け時計丸型、置時計などが店や帳場のあちこちに置かれていました。丸型時計には「山利 池上」の銘が入った精工舎（現・セイコー）のゼンマイ式時計です。今となっては昭和レトロな感じですが、文字盤がかわいらしく、当時の雰囲気が出ています。

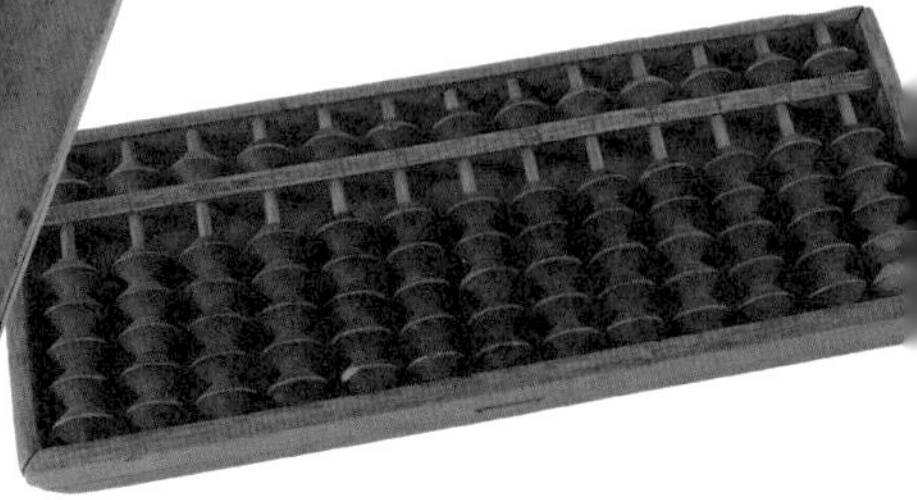

そろばん、ハンコ類、時計、帳簿、手提げ金庫、台はかりは、どれも池上商店で使っていたものです。使い込んだものたちから当時の息遣いが伝わってきます。

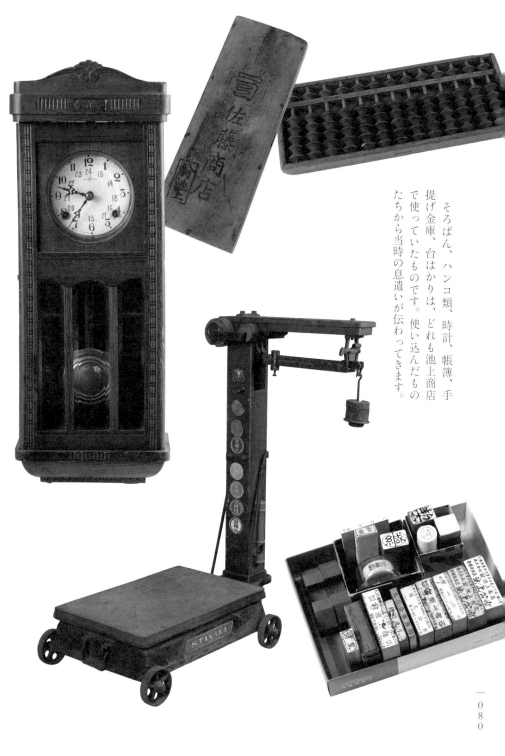

SEIKO
雪印食品

商工会議所

仕訳帳

SEIKOSHA

北海道の暖房といえばストーブですが、本州から移住した人たちがまず持ち込んだのは火鉢でした。池上商店には大小さまざまな火鉢がありました。ヤマサ醤油から贈られた火鉢は四角く、コンパクトに収納できるものです。

上段に氷を置いた電気を使わない冷蔵庫です。「三越特選A型」のプレートが付けられています。

戦中・戦後の店を仕切った池上貞子

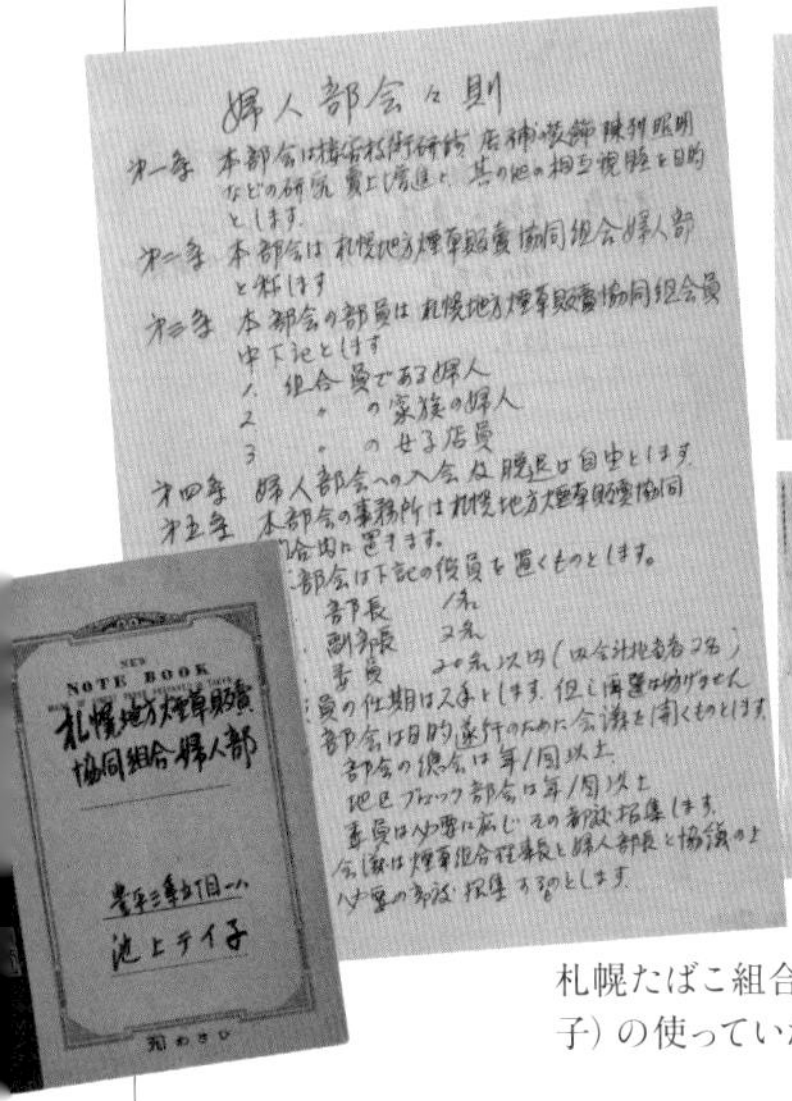

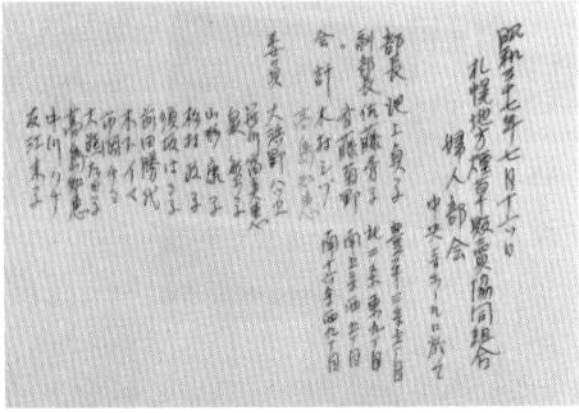

札幌たばこ組合婦人部会の発足記事と、貞子（テイ子）の使っていたノート。

重蔵とトヱの長女・貞子は、戦時中に夫・真治が出兵してからも、そして、真治の戦死後は重蔵の右腕として店を仕切ります。1962（昭和37）年7月には、札幌たばこ組合（札幌地方煙草販売協同組合）の婦人部会発足とともに初代会長に選出されました。婦人部会の発会式には、総勢172人が集まりました。貞子のノートには、副部長佐藤秀子、斉藤菊野となっています。同ノートの会則には、会の目的として「接客技術研修」「店舗の装飾陳列照明などの研究」「売上増進」「相互親睦」が謳われています。同年の活動の一部として、函館工場見学*1と市内の優良小売店の視察が行われました。また、66（昭和41）年に定山渓第一ホテルで開催された婦人部班長会議の案内がノートに挟まっていました。

*1　2005年3月で函館工場を閉鎖。道内唯一のたばこ工場として半世紀以上の歴史に終止符。同工場は、1946年に札幌地方局函館出張所たばこ製造工場として操業を開始。マイルドセブン・スーパーライトや同ライト、キャスターマイルドを中心に製造。閉鎖の要因として、需要の減少や喫煙をめぐる規制強化、たばこ税の増税など、事業環境の変化が背景にある。（函館新聞eHAKO.com 2003年9月13日）（日本たばこ産業「当社の歴史」から）。

たばこや塩の小売人指定書やヤマサ醤油の特約店契約書、食品販売登録表、保険代理店証書などが束になって残されていました。

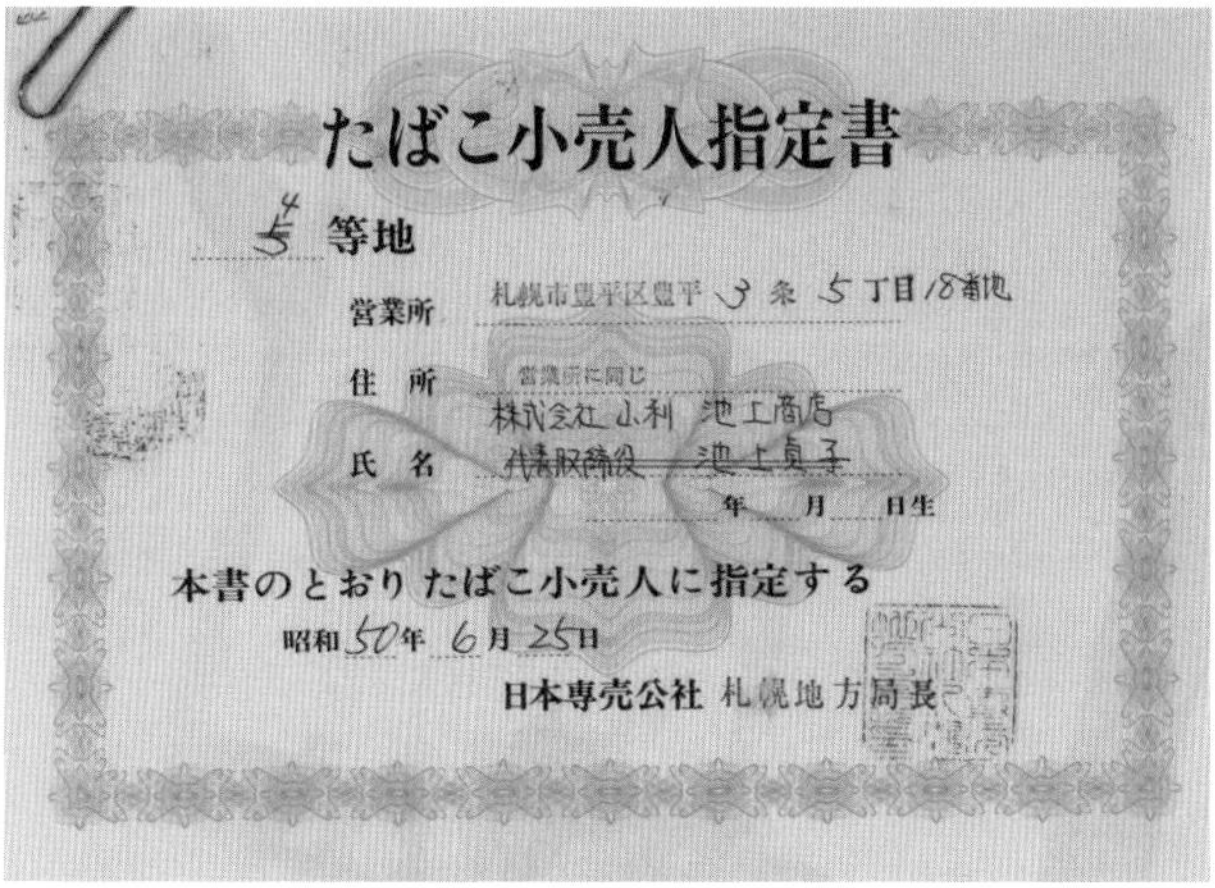

たばこ小売人指定書

5 等地

営業所 札幌市豊平区豊平3条5丁目18番地

住所 営業所に同じ

氏名 株式会社 山利 池上商店 代表取締役 池上貞子

年 月 日生

本書のとおりたばこ小売人に指定する

昭和50年6月25日

日本専売公社 札幌地方局長

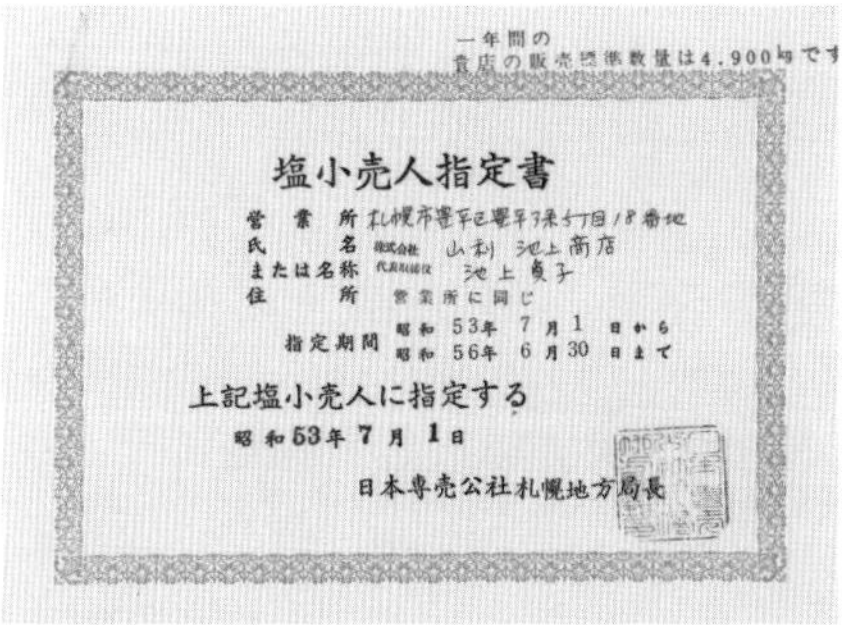

一年間の食塩の販売予定数量は4,900㎏です

塩小売人指定書

営業所 札幌市豊平区豊平3条5丁目18番地

氏名または名称 株式会社 山利 池上商店 代表取締役 池上貞子

住所 営業所に同じ

指定期間 昭和53年7月1日から 昭和56年6月30日まで

上記塩小売人に指定する

昭和53年7月1日

日本専売公社札幌地方局長

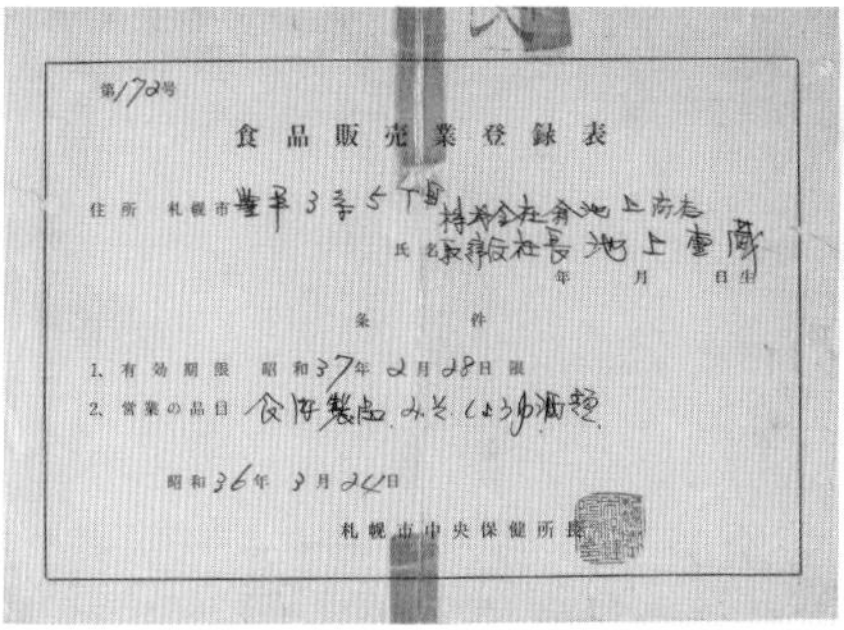

第172号

食品販売業登録表

住所 札幌市 豊平3条5丁目 株式会社 池上商店

氏名 取締役社長 池上

年 月 日生

条件

1、有効期限 昭和37年2月28日限

2、営業の品目 食品製品 みそ しょうゆ

昭和36年3月24日

札幌市中央保健所長

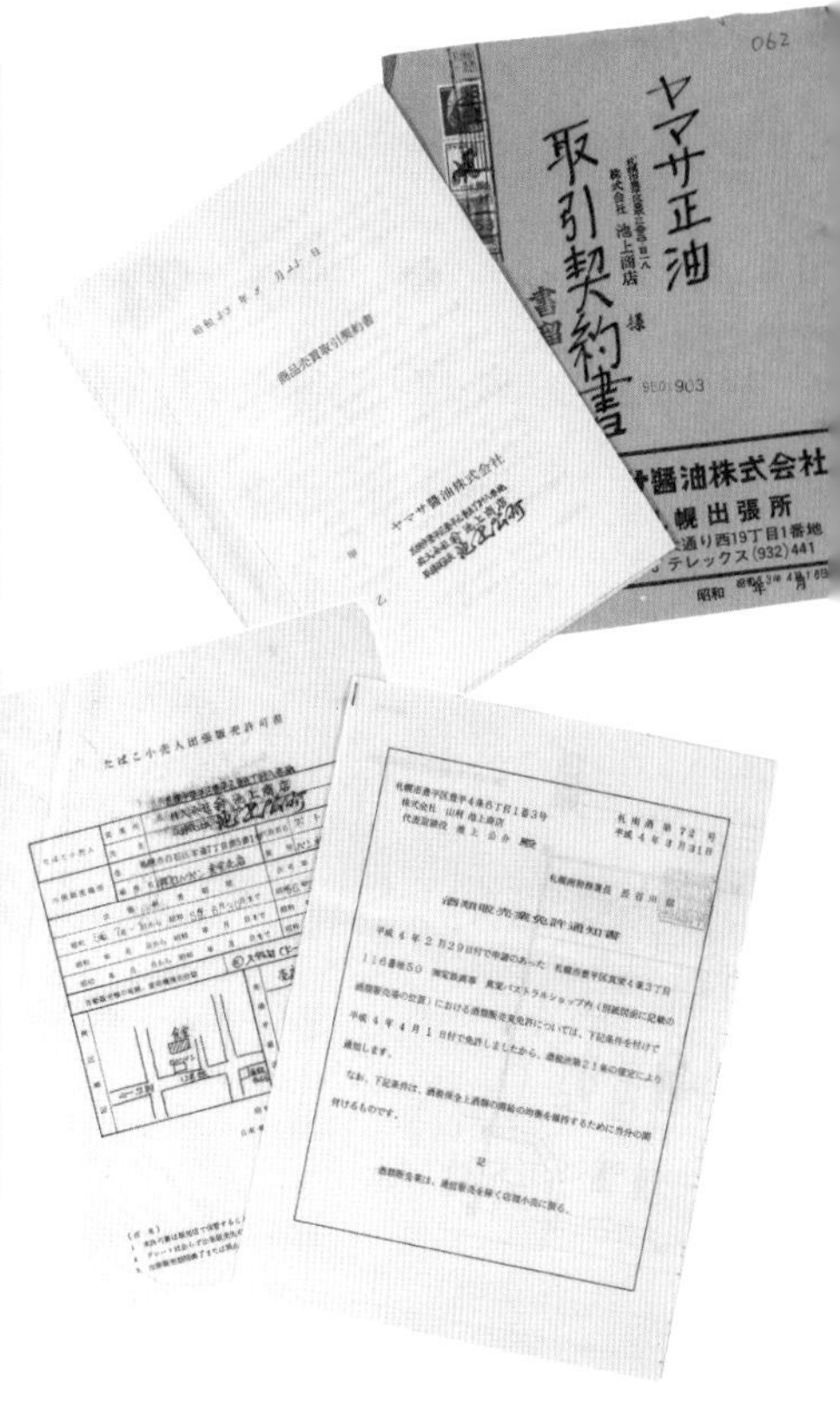

池上の銘が入った ノベルティたち

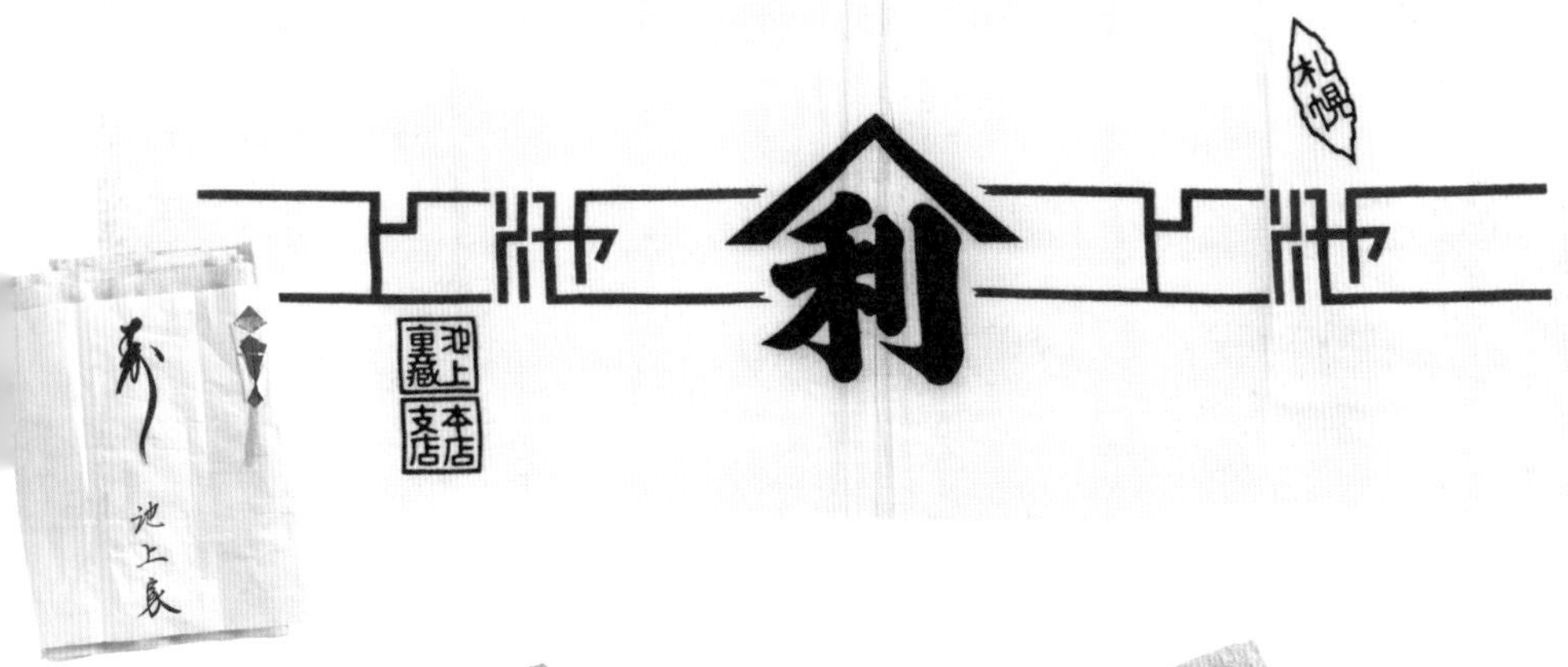

池上商店のオリジナル半纏の数々。襟にある「山利」のマークがおしゃれです。時代とともに、ユニフォームとしての半纏から前ボタン・ポケット付きの作業服に変化しています。

赤い旗は各種行事や正月の初荷のときなどに使われていました。

池上

みそ
池上商店

池上芙佐子『池上商店物語』から

◉端境期

北海道の2月といえば吐く息さえ凍りつきそうな厳寒の上、外も午後4時過ぎには薄暗くなり、街灯が点り始める。

この時期、今から思うと祖父は、御用聞きの店員さん達が夕食後一服したあとの時間を店員教育に充てていたようだ。(中略)

夕食後、店員さん達が事務所のだるまストーブの周りで暖をとっていると、番頭さんが提案する。

「今晩はソロバンにしよう」とか「地理の勉強でも始めるか」などと……。もちろん私も試験や宿題のない日には参加した。

珠算の練習日には各人が使い慣れているソロバンを持って机に向かう。

「ご破算で願いましては、一千三百五十円也。壱万とんで四十二円也、引くこと四千六百十五円では……」

帳場さんが節をつけて読み上げると、新米の店員さんもベテランも、それぞれのソロバンの上に指を忙しく走らせる。自信のある人は、目を閉じて膝の上で指だけ動かして暗算する。

「はい」「はーい」

一斉に手を挙げる。

帳場さんから名指しされた者が答える。

「七千七百七十七円」

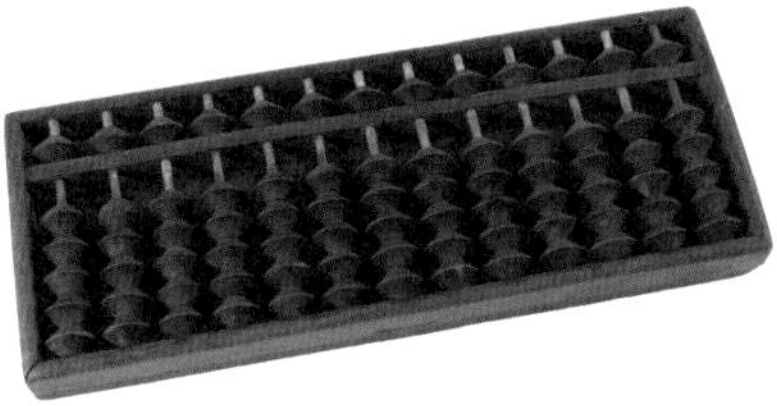

「ご名算」

残りの者達が声を揃えて正解を告げる。しだいに桁数も多くなり、掛算、割算も入ってくる。分からなくなり手を止めるものが増えてくると、帳場さんはひと区切りつける。

タイミングよく祖母の運んでくれる甘酒がまた美味しく、皆の身体も温まってくる。

地理の勉強というと、店で取り扱っている商品の産地を当てたり、その反対に一つの県を挙げて特産品を書かせてみたり……。

ある時は店に置いているメーカー三社の醤油名を伏せて、同じ大きさの皿に入れ一人ずつ味見をする。どのメーカーの品か識別していく。四国のマルキン醤油は関西好みで、どちらかというと薄味だ。千葉のヤマサ醤油はなんとなく丸みのある味わいがあり、料理関係に人気が高いのも頷ける。キッコーマンは大衆向きと言われるが、私の舌には味が堅く、濃いめに感じられた。

清酒の試飲時は、未成年の私には参加資格はなく、—私、注ぐ人—となる。一級の内地銘柄、二級の内地物・地酒を飲み比べて、それぞれの銘柄を当てるのだが、

「うーん、わからないなあ、もう一口」

と、わざとおどけて舌なめずりする店員さんもいる。さすが飲み馴れているベテラン店員さんは飲み当てる。

机に並べられた端の盃を両掌で持ちあげてまず匂いを嗅ぎ、それから口に含む。

飲み終わったあとに軽く嗽（うがい）をして、次の盃を手にする。

「右端のは日本盛、真中は千歳鶴の二級酒ではないかな。すると残りは月桂冠の一級酒か」

三つの盃を空けたあとで、こんな風に目隠しされている一升瓶の銘柄を言い当てる。全員が試飲テストをした後に目隠しをはずすと、ラベルが見える。

「わあ、全部当たっていた」

「おれ、ひとつもできなかった」

「お前飲むわりには解っていないなあ」

店員さん達が笑いあっているうちに、一日台所に下げた清酒をお銚子に入れてお燗をし、簡単なつまみを添えて再び店へ運んでくる。

反省会と称して皆がわいわい飲み明かす。すべてのお銚子が空になる頃には、瞼を桜色に染めている人や、首から下まで真っ赤にしている者も出る始末だ。

池上芙佐子『池上商店物語』から

◉初荷の日

新年を迎えて二日目、商人の仕事はじめが初荷の日である。

我が家では元旦の午後から、初荷の準備にとりかかっていた。まず、年始まわりに配る手みやげの分類が私の仕事だった。

店員さんの部屋である二階の十二畳間に、商店名が記されている紙をアイウエオ順に置いていく。

「相田商店タオル一本、浅野商店タオル二本と帆前掛」

暮れにあらかじめ打ち合わせてあるメモを、母が読み上げる。百軒以上ある商店名と、取引額に応じて内容の違う年始の品を間違わないようにと、私は注意しながら置いていく。全体に行き渡ったところで、読み手の母と私とで品物の確認をしていく。

「菊屋さんには、まーちっとなにか付けた方がいいかもしれないね。名入れの一反風呂敷か、マルダイ味噌のセットなんかはどうかね」

祖母が納戸から何品か見繕って持ってくる。

あっ、それなら○○さんにも、どこそこもと、名が連ねられていく。ようやくバランスよく配置され三人が納得する頃には、陽も沈みかけてくる。一件ずつ品物が抜けないように紐で縛って名札をのせると、私の仕事は終わる。

池上商店の歩み

池上商店

- 1910 年　池上商店開業
- 1913 年　初代・池上重蔵・トヱ来道
- 1920 年頃～　営業が軌道に乗る
- 1934 年　2 代目真治と貞子結婚
- 1944 年　真治戦死
- 1952 年　株式会社池上商店となる
- 1955 年　店舗新築
- 1964 年　公介・喜重子が結婚
- 1968 年　重蔵死去
- 1970 年代末～　コンビニ展開
- 1982 年～　3 代目公介、社長就任
- 1992 年　酒販免許を（株）定鉄商事に譲渡

商家館構想

- 2000 年前後から　「商家館」構想
- 2018 年 9 月　公介死去
- 2024 年 3 月　書籍『池上商店 夢の商家館』発刊

池上学園

- 1969 年　英会話塾イングリッシュクラブを始める
- 1985 年　予備校池上学院開校
- 1998 年　札幌高等学院開設
- 2004 年　学校法人池上学園　池上学院高等学校開校

現在

❖第二部❖

記憶を語り継ぐ

池上家では口承で記憶を語り継いだり、記憶をノートに記すなど、何らかの形で家族や商店の歴史の一部を残してきました。二部の「記憶を語り継ぐ」では、2代目・池上真治の戦死から、家族は戦争をどう受け止めてきたのか、戦後の慰霊の旅なども含めた戦争との向き合い方を、家に残された資料と戦友会史、新聞などの公の資料をもとにまとめました。

続いて、3代目池上公介から生前に聞き取りをした息子・重輔が、商家としての始まりから学校経営までの経緯を綴ります。北海道の生活文化を研究する北海道博物館の池田貴夫学芸部長、さらに、池上家ともゆかりがある伊藤千織が自身の一家の経験を例に家族の記録の残し方について寄稿し、最後に、公介の妻・喜重子が、自身の生い立ちから商家館開設までの紆余曲折、そして次世代への継承の必要性を語ります。

❖ 戦争と池上商店
二代目・真治の戦死を受けとめて

配給店として細々と営業

池上商店の道を隔てた向かいには、立派な門構えの曹洞宗・龍松寺があります。太平洋戦争時には兵舎として使われていたようです。店舗兼自宅の池上商店には12部屋があり、そのうちの2間を隊長夫妻の宿舎として提供していたことがあります。

長引く戦争は池上商店の様相を一変させました。若い従業員には次々と召集令状が届き、店には仕入れる品物もないながらも細々と商売を続けていたのです。それは、食料品がすべて配給制となり、配給店としての営業だけはできたからでした。終戦間際には、店は閑散として、重蔵とトヱ、長女の貞子と真治、子どもたちの芙佐子、真規子、公介だけになっていました。

出征前に家族と
記念写真

二代目真治の戦死

公介の父、池上真治は婿養子です。新潟の早田家から重蔵の長女・貞子の婿となり、池上商店の二代目を継ぎました。重蔵の絶対的信頼を得ていたこともあり、1945（昭和20）年5月18日に届いた戦死の知らせは受け入れ難いものがあったようです。しかも、戦死したのは1年以上も前の「1944（昭和19）年7月18日午後3時、マリアナ島」でした。戦時中に真治から重蔵・貞子に送られた手紙は、今も箱に入れて大切に保存されています。

陸軍の記録としての「軍歴書」*1は手元にありませんが、重蔵がまとめたノート『陸軍曹長池上真治戦死記録』に軍歴がメモされています。ノートには、遺族会の人が書いた「サイパンよりの帰還者」、新聞記事「生きている英霊四萬人　聯合軍の調査で判る」（昭和20年12月13日讀賣）、部隊名のメモ、「留守宅渡金受領願」、復員した人からの手紙などが挟まり、供物・香典名簿が一覧になっています。一つひとつ開き、読んでいくと、重蔵のいたたまれない気持ち、遺族にとって「生きているのでは」「戦死通知だけでは受け入れられない」という想いが伝わってきます。戦争は、33歳の真治を突然、戦場に送り込み、家族が築き上げてきたささやかな営みを壊していくのです。

*1　軍歴書（軍歴証明書）は、入隊から除隊までの履歴のこと。取り寄せることができる。陸軍は終戦当時に該当者の本籍があった都道府県が保管しており、「北海道庁 保健福祉部福祉局地域福祉課 援護係」が担当。これを取り寄せることで、所属軍隊が分かり、戦時中の部隊がどの戦場を回り、どこで終戦を迎えたのかを調べることができる

池上真治（1908－44年）
新潟県南蒲原郡加茂町、早田善吉・ミイのもとに生まれる。1923年3月新潟県立三条商工学校卒。34年10月池上貞子と結婚
（写真は42年1月4日）

札幌キリン会主催の壮行会。7月15日いづみ席に於いて

真治の軍歴

重蔵がメモした軍歴を追ってみます。

陸軍曹長　池上眞治　1908（明治41）年1月24日生
応召令状　1941（昭和16）年7月11日
自宅出発　同年　7月18日
旭川第四部隊入隊　7月19日
満洲東安省安湾○第七八○部隊
船津隊ヨリ（夕隊）　○隊ニ変ル
横須賀郵便局気付ウ一一備二五五一部隊
佐々木隊斉藤隊
戦死報知　1945（昭和20）5月18日
大東亜戦争
マリアナ島ニ於テ戦死（サイパン島）
1944（昭和19）年7月18日午后3時

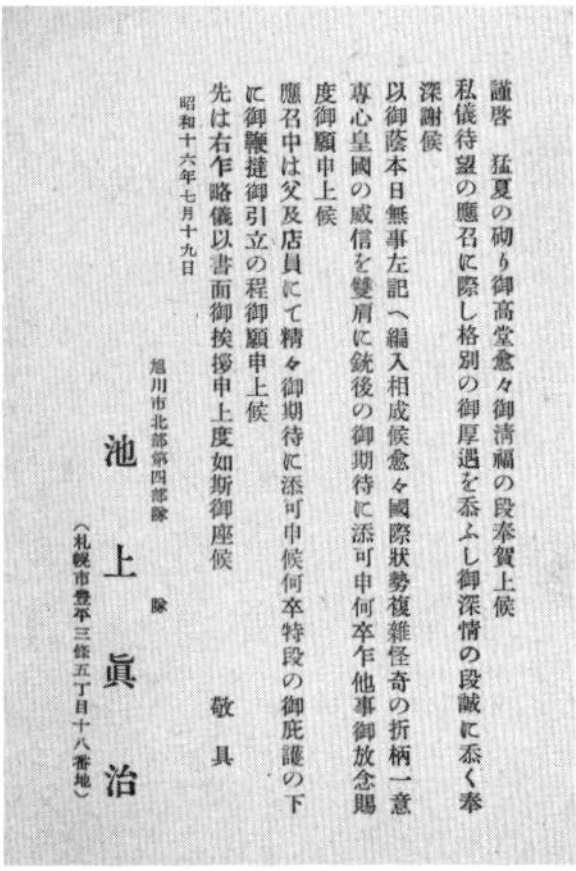

謹啓　猛夏の砌り御高堂愈々御清福の段奉賀上候
私儀待望の應召に際し格別の御厚遇を忝ふし御深情の段誠に忝く奉深謝候
以御蔭本日無事左記へ編入相成候愈々國際狀勢複雜怪奇の折柄一意專心皇國の威信を雙肩に銃後の御期待に添可申何卒乍他事御放念賜度御願申上候
應召中は父及店員にて精々御期待に添可申候何卒特段の御庇護の下に御鞭撻御引立の程御願申上候
先は右乍略儀以書面御挨拶申上度如斯御座候　敬具

昭和十六年七月十九日

旭川市北部第四部隊　隊
池上眞治
（札幌市豊平三條五丁目十八番地）

入隊の挨拶状（1941年7月19日）

新聞に掲載した死亡広告には、8月13日に遺骨到着につき同日午後4時より自宅において通夜ならびに告別式を執り行うと書かれています。喪主は父・池上重蔵、親戚総代・早田善蔵となっていました。

供物には、生花のほかにビスケット、羊羹、リンゴ、白砂糖、センベイ、アミノ酸、玉子、豆腐、野菜、玉露などが帳面に書かれています。敗戦間際の物のないときに、なけなしの品々が集まったようです。

なお、真治の戦死は「1944年7月18日」と通知がありましたが、後になって戦友の証言から「1944年6月14日」に命日を書き換えました。

札幌での合同葬儀

復員者からの手紙

重蔵は、復員した人たちへ手紙を出したようで、その返信が残されています。鉛筆でメモ書きされた日付は、1946（昭和21）年2月16日で、住所は釧路市黒金町鉄道官舎からのものでした。

その人は、42（昭和17）年1月10日に北部四部隊に入隊。同年3月22日に旭川を出発して満州第780部隊に入隊し、44（昭和19）年2月27日に東安出発、3月19日にサイパン島上陸、同年6月10日テニアン島に先発隊として上陸（2551部隊）、翌3日に戦闘が開始。その出動は780部隊の第三大隊一個大隊。

カ・三大隊本部　佐々木隊
ヨ・九中隊　辻　隊
ク・十中隊　斉藤隊
レ・十一中隊　金城隊
ソ・十二中隊　船津隊
ツ・機関銃中隊　中原隊
在満時

満州第780部隊船津隊
第三小隊第三部隊
（1942年9月）

私はツ隊所属でした。
佐々木隊、辻隊、斉藤隊、金城隊、池田隊、増田隊がサイパン島ニテ。

手紙の主はテニアン島で敵に収容され、それからサイパン島に送られたようで、佐々木隊の誰にも会わず、池田隊の一人に会っただけだという。「お宅の池上軍曹はサイパン島で戦われた筈であります」「私は戦闘中サイパンにはいなかったのでご質問に充分な答への出来ないことをお許しください」と手紙は締められていました。テニアン島、サイパン島はアメリカ軍との激戦地でした。

残された者は、少しでも手掛かりになることを知りたいという思いでいっぱいだったことがうかがわれます。真治からの手紙には、「船津隊、佐々木隊、斉藤隊」と記されていました。

満州：1943年2月2日
白川、原田、広津、会田、池上、谷地元

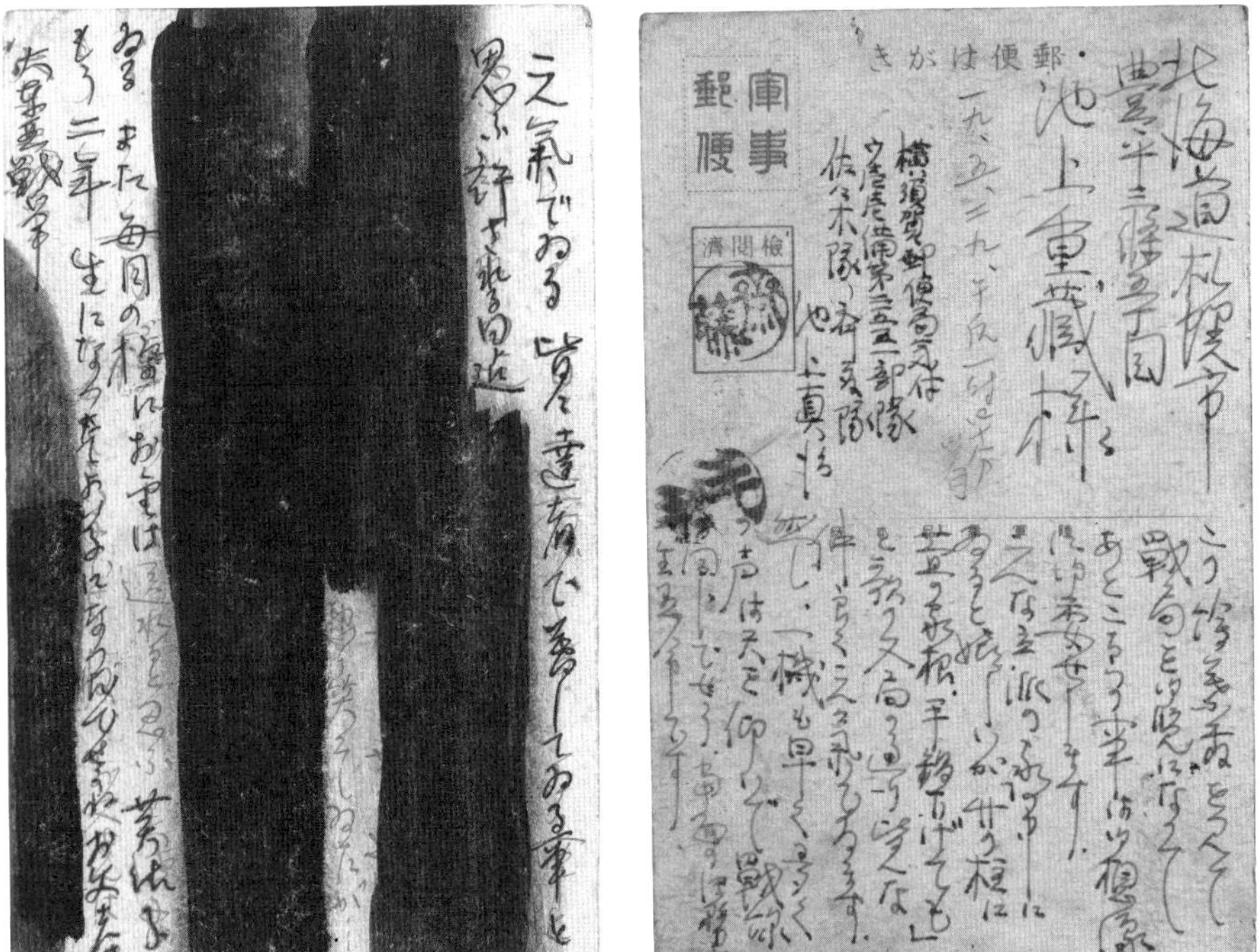

1944年5月から6月に届いた葉書
「横須賀郵便局気付　ウ壱壱備第二五五一部隊　佐々木隊　斉藤隊　池上真治」

満州：中秋節　二栓二道崗（1943年9月15日）

満州（日付なし）：裸で笑っている集合写真

重蔵が知りたかったこと

赤丸をつけた「敗戦の記録　火焔渦巻くサイパン戦線」(「北海道新聞」１９４６年8月10日)の記事がノート『陸軍曹長池上真治戦死記録』最後に挟まっています。そのほかにも、「太平洋戦争史続編　補給路を断つ③　飛石作戦でひた押し マリアナ奪取、握る制空海権」(「朝日新聞」１９４５年12月11日)があり、小見出しの「サイパンの戦闘」に赤丸がつけられています。記事によると、「日本軍は死者のみで一万九千七百九十三名」と書かれています。また、「7月3日には五千人以上の一般住民と若干の兵士が捕虜となり、続いて数日間に更に五千名以上が降伏した」とあります。

重蔵は、真治がどこでどんなふうに亡くなったのか知りたかったのでしょう。自宅には、満州東安の兵舎から送られてきた真治の写真が残されています。確かに満州では生きていたし、サイパンに向かう前の横須賀気付の軍事郵便でも、真治は家族を気遣っていました。

「サイパン邀撃戦」の特集が組まれた雑誌が、真治の遺物のように残されています。重蔵が読んだ本だと思われます。サイパン戦のことが生々しく実戦記として書かれており、一カ所だけ赤のアンダーラインが引かれています。「アスリート飛行場は、海軍五根守備隊と佐々木部隊(満州東安駐屯部隊で兵は青森、岩手、秋田の東北地方と北海道出身で、原隊は旭川師団)」の部分で、まさに真治が所属していた部隊のことです。重蔵は、この部隊の記述を見て「これだ！」と思って赤線を引いたのでしょう。アスリート飛行場は現在のサイパン国際空港です。

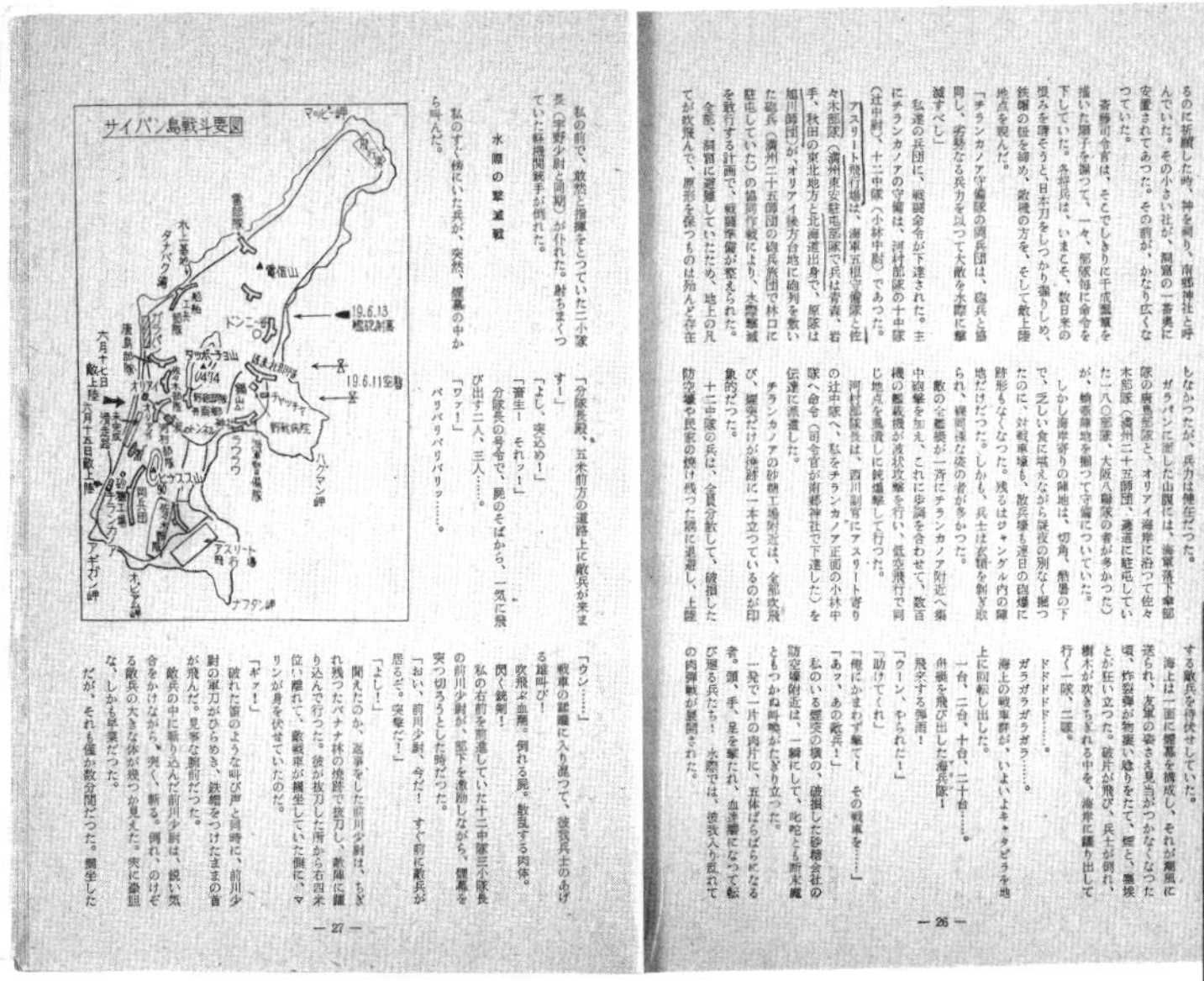

るのに祈願した時、神を祠り、南郷神社と呼んでいた。その小さい社が、洞窟の一番奥に安置されてあつた。その前が、かなり広くなつていた。

斎藤司令官は、そこでしきりに千成瓢箪を描いた扇子を振つて、一々、部隊毎に命令を下していた。各将兵は、いまこそ、数日来の怨みを晴そうと、日本刀をしつかり握りしめ、鉄帽の紐を締め、敵機の方を、そして敵上陸地点を睨んだ。

「チランカノア守備隊の砲兵団は、歩兵と協同し、劣勢なる兵力を以つて大敵を水際に撃滅すべし」

私達の兵団に、戦闘命令が下達された。主にチランカノアの守備は、河村部隊の十中隊（辻中尉）、十二中隊（小林中尉）であつた。

アスリート飛行場は、海軍五根守備隊と佐々木部隊（満州東安駐屯部隊で兵は青森、岩手、秋田の東北地方と北海道出身で、原隊は旭川師団）が、オリアイ後方台地に砲列を敷いた砲兵（満州二十五師団の砲兵旅団で林口に駐屯していた）の協同作戦により、水際撃滅を敢行する計画で、戦闘準備が整えられた。

全部、洞窟に避難していたため、地上の凡てが吹飛んで、原形を保つものは殆んど存在しなかつたが、兵力は健在だつた。

ガラパンに面した山腹には、海軍落下傘部隊の廣島部隊と、オリアイ海岸に沿つて佐々木部隊（満州二十五師団、適道に駐屯していた一八〇部隊、大阪八聯隊の者が多かつた）が、輪索陣地を掘つて守備についていた。

しかし海岸寄りの陣地は、切角、酷暑の下で、乏しい食に堪えながら昼夜の別なく掘つたのに、対戦車壕も、散兵壕も連日の砲爆に跡形もなくなつた。残るはジャングル内の陣地だけだつた。しかも、兵士は衣類を剥ぎ取られ、裸同様な姿の者が多かつた。

敵の全艦艇が一斉にチランカノア附近へ集中砲撃を加え、これに歩調を合わせて、数百機の艦載機が波状攻撃を行い、低空飛行で同じ地点を虱潰しに銃爆撃して行つた。

河村部隊長は、西川副官にアスリート寄りの辻中隊へ、私をチランカノア正面の小林中隊へ命令（司令官が南郷神社で下達した）を伝達に派遣した。

チランカノアの砂糖工場附近は、全部吹飛び、煙突だけが焼跡に一本立つているのが印象的だつた。

十二中隊の兵は、全員分散して、破損した防空壕や民家の焼け残つた隅に退避し、上陸する敵兵を待伏せしていた。

海上は一面に煙幕を構成し、それが潮風に送られ、友軍の姿さえ見当がつかなくなつた頃、炸裂弾が物凄い唸りをたて、煙と、爆埃とが狂い立つた。破片が飛び、兵士が倒れ、樹木が吹きちぎれる中を、海岸に躍り出して行く一隊、二隊。

ドドドドド……。

ガラガラガラガラ……。

海上の戦車群が、いよいよキャタピラを地上に回転し出した。

一台、二台、十台、二十台……。

舟艇を飛び出した海兵隊！

飛来する弾雨！

「ウーン、やられた！」

「助けてくれ」

「俺にかまわず撃て！ その戦車を……」

「あッ、あの敵兵！」

私のいる煙突の横の、破損した砂糖会社の防空壕附近は、一瞬にして、叱咤とも断末魔ともつかぬ叫喚がたぎり立つた。

一発で一片の肉片に、五体ばらばらになる者。頭、手、足を撃たれ、血達磨になつて転び廻る兵たち！ 水際では、彼我入り乱れての肉弾戦が展開された。

— 26 —

私の前で、敢然と指揮をとっていた二小隊長（宇野少尉と同期）が仆れた。射ちまくつていた軽機関銃手が倒れた。

水際の撃滅戦

私のすぐ傍にいた兵が、突然、煙幕の中から叫んだ。

「分隊長殿、五米前方の道路上に敵兵が来ます！」

「よし、突込め！」

「畜生！ それッ！」

分隊長の号令で、屍のそばから、一気に飛び出す二人、三人……。

「ワァ！」

バリバリバリバリッ……。

「ウン……」

戦車の蹂躪に入り混つて、彼我兵士のあげる雄叫び！

吹飛ぶ血潮。倒れる屍。散乱する肉体。

閃く銃剣！

私の右前を前進していた十二中隊三小隊長の前川少尉が、部下を激励しながら、煙幕を突つ切ろうとした時だつた。

「おい、前川少尉、今だ！ すぐ前に敵兵が居るぞ。突撃だ！」

「よし！」

聞えたのか、返事をした前川少尉は、ちぎれ残つたバナナ林の焼跡で抜刀し、敵陣に躍り込んで行つた。彼が抜刀した所から右四米位い離れて、敵戦車が擱坐していた側に、マリンが身を伏せていたのだ。

「ギァ！」

破れた笛のような叫び声と同時に、前川少尉の軍刀がひらめき、鉄帽をつけたままの首が飛んだ。見事な腕前だつた。

敵兵の中に斬り込んだ前川少尉は、鋭い気合をかけながら、突く、斬る。倒れ、のけぞる敵兵の大きな体が幾つか見えた。実に豪胆な、しかも早業だつた。

だが、それも僅か数分間だつた。擱坐した

— 27 —

『今日の話題〈戦記版〉』（土曜通信社、1956年）

重蔵の「軍隊手帳」

重蔵もまた、一時期兵役についていました（新潟県南蒲原郡三条町から出兵）。1905（明治38）年12月1日～08（明治41）年11月30日の3年間、第十三師団歩兵第十六連隊に服役。その後、予備役として08年12月1日から11（明治44）年8月26日まで召集解除。大正元年から10年まで簡閲点呼執行済。重蔵の「軍隊手帳」は、真治の奉公袋の中に一緒に仕舞われていました。

戦後、家族は……。

戦友会と慰霊碑

真治が所属していた部隊は「歩兵第八十九連隊第三大隊第十中隊」でした。戦後、いち早く中隊ごとの集まりがあり、それが発展して「八九会」という戦友会が発足したのが1972（昭和47）年2月です。まさに冬季札幌オリンピックが開催されたのと同時期です。

全国的にみて、戦友会の発足は60年頃から飛躍的に増えていき、70年代が発足のピークとなっています。戦友会発足の目的は、「慰霊」と生き残った者同士の「親睦」にあり、慰霊のための行事としては、慰霊祭の開催、慰霊碑の建立、海外の戦跡訪問などがあります＊。それに加えて「戦争体験の記録化」があり、「八九会」では、78（昭和53）年に『破竹 歩兵第八十九連隊史』を発行しています。編纂作業には3年ほど費やし、本書のあとがきの日付は、77（昭和

旭川の北海道護国神社にある慰霊碑

52）年12月となっていることから、仏教でいう三十三回忌に間に合わせようとしていたのでしょう。

歩兵第八十九連隊は、39（昭和14）年末に編成され、満州（北満）の警備にあたりました。真治の写真にはこの北満時代のものが残されています。そして日本軍の戦局が厳しくなるに伴い、部隊の一部はサイパン島へ、主力部隊は沖縄本土決戦にと転用されていきました。部隊の慰霊碑として、北海道護国神社（旭川市）の境内に「歩兵第八九聯隊合同慰霊碑」が建っています。北海道護国神社の案内文には、「満洲独立守備隊第5、第6及び第10大隊を編合し創設」とあります。慰霊碑のプレートには２６８０人あまりの戦没者の名が刻まれており、サイパン戦没者のなかに「池上真治」の名があります。碑文には、サイパンと沖縄戦で戦死したいきさつと、慰霊の言葉が刻まれています。

＊ 吉田裕『兵士たちの戦後史：戦後日本社会を支えた人びと』岩波書店、２０２０年

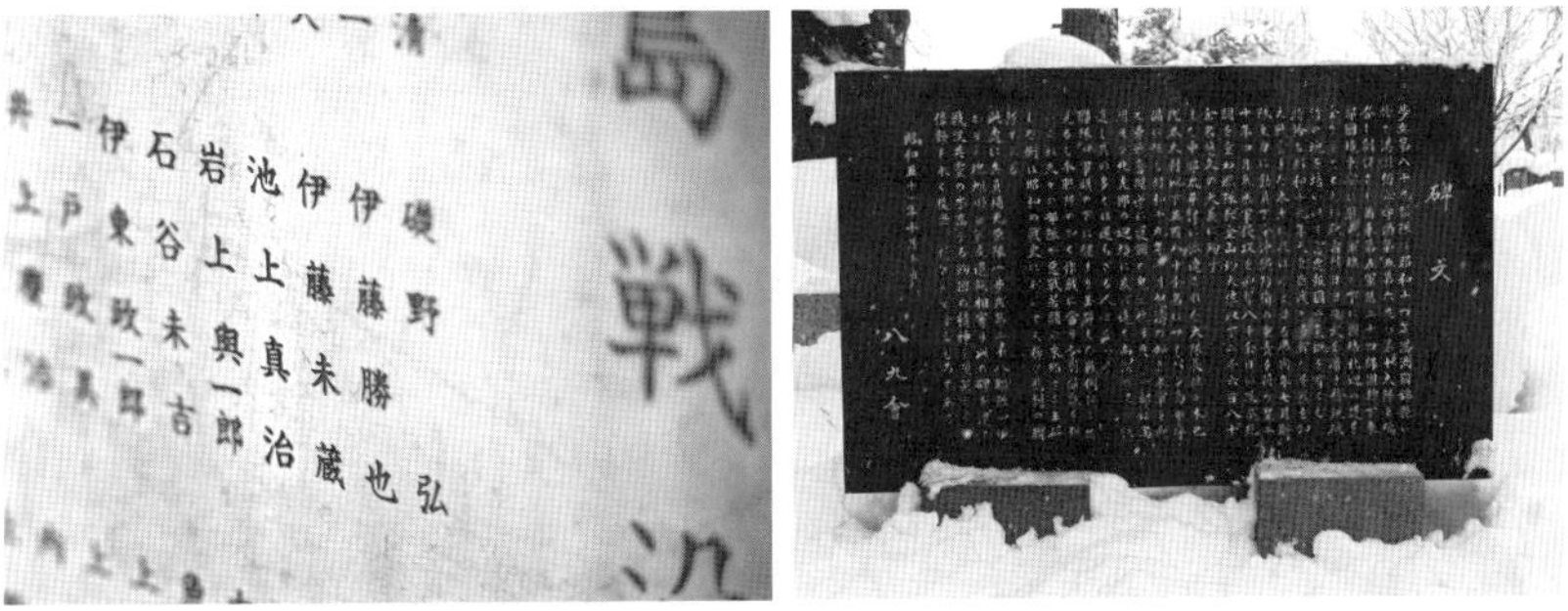

碑文（右）と戦没者のプレート（左）

歩兵第八十九連隊史編纂委員会『破竹 歩兵第八十九連隊史』非売品、1978年

(1)　第934号　平成11年8月31日第3種郵便物認可　札幌タイムス　2002年（平成14年）8月16日（金曜日）（15日発行）

札幌タイムス

発行所
北海道21世紀タイムス
〒060-0004
札幌市中央区北4西7-1-4
北農健保会館2階
電話（011）271-7455
fax（011）271-7565
ホームページ
www.sapporotimes.co.jp

札幌タイムスの記事はサッポロフューチャースクエア（www.sfs.city.sapporo.jp/top/）の「札幌のNEWS」と、さっぽろ観光ガイド（www.welcome.city.sapporo.jp/）の「さっぽろぐるっと観光NEWS」コーナーでも見ることができます。

満州から荷物送り返し帰還のはずが…サイパンへ転戦、帰らぬ人に

戦死した父の遺品と60年ぶり再会

出征時の寄せ書き日章旗四枚とお経書いた布一枚

豊平区の池上さん

57回目の終戦記念日にあたる15日を前に、札幌市豊平区の学習塾経営池上公介さん（61）宅の仏壇から、サイパン島で戦死した父真治さん（享年37歳）にあてた日章旗が出てきた。日章旗は兵士が出征時に戦地へ持って行くため自宅で見つかるケースは少なく、家族らを驚かせている。（佐藤純記者）

見つかったのは、日章旗4枚とお経がつづられた布1枚。所々を虫に食われて穴の開いた慰問袋に折りたたまれた状態で入っていた。

日章旗には、「バンザイ」「頑張れ日本男児」など、1941（昭和16）年7月、戦地に向かう真治さんを励ます両親や親戚からの寄せ書きがしたためられていた。うち1枚には、当時生後9カ月の公介さんの手形もはっきりと残っていた。公介さんは「父の記憶はないが涙が込み上げてきた」と発見時の心境を語る。

慰問袋は、仏壇の中段奥にある引き戸の中にあった。扉の周りに装飾が施され、これまで気付かなかった。お盆に合わせて12日に仏壇を掃除をしていた時、偶然開くことに気付いた。

戦死した兵士の日章旗が、なぜ自宅に残されていたのか。公介さんによると、中国・満州で任期を迎え、慰問袋を含めた荷物を日本に返送する手続きを終えた真治さんは、そのまま帰還するはずだった。ところがサイパン島に向かっていた物資船が撃沈されたことで、日本に向かう真治さんの船が物資船として同島に針路を変えた、という。

仏壇掃除―偶然見つける

慰問袋など荷物だけが自宅に届けられ、真治さんは終戦約1年前の44年6月、サイパン島で戦死した。真治さんの妻貞子さん（享年68歳）は82年に亡くなったが、公介さんは「母から仏壇に日章旗が入っていることは一切知らされてなかった。私にとってこの日章旗とはちょうど60年ぶりの再会で、今年は特別な終戦記念日になりそう」と話している。

サイパン島で戦死した父にあてられた日章旗と約60年ぶりに再会した池上さん

夏はやっぱ

「札幌タイムス」（2002年8月16日）記事
出征時の寄せ書き日章旗が自宅の仏壇の中から見つかった。
「当時生後9カ月の公介さんの手形もはっきり残っていた」

サイパン墓参団

　歩兵第八十九連隊のサイパンでの戦没者は約６００人、サイパンからの生存帰還者は下士官以下29人（１９７５年時点）となっていました。戦友会では、75（昭和50）年３月にサイパン墓参を実施します。東京出発は３月13日で、戦没者の遺族など１４０人が参加しました。真治の妻、貞子が札幌から墓参団に加わりました。真治と同じ第十中隊の川友勝氏の戦友会で発行した『破竹 歩兵第八十九連隊史』（78年）への寄稿文には、「全日空ターミナルロビーの一室で北海道参加者の結団式を行う」「池上貞子さん（札幌市、池上曹長の未亡人）」「特にご遺族の方には申し訳ない気持ち」と書かれています。さらに、初の墓参の様子を次のように綴っていました。

　池上さん（主人の池上軍曹《ママ》は当時十中隊の被服糧秣係、解隊後十二中隊に転属後間もなく機銃掃射で戦死）、坂田さん（坂田主計中尉、私の中学剣道部一期先輩、共に

公介がサイパンから
持ち帰った石

同じ道場で竹刀を交わし汗を流した仲、その妹さん）、二人がその砂浜にひざまずき遺影をかざり愛唱のレコードを持ってうたう讃美歌の声に思わず涙がとめどなく流れどうしようもなかった。

サイパン墓参は、その後も続き、公介と喜重子も参加しています。同連隊のサイパンでの戦没者遺骨収集は、53（昭和28）年から始まっています。実は、現在も厚生労働省によるサイパンをはじめとするフィリピンの遺骨収集が続けられています。しかし、池上真治の遺骨はまだ帰っていません。公介が20代半ばころサイパン慰霊の旅に参加したときに現地の石を持ち帰り、遺骨としました。

北海道護国神社（旭川）の権禰宜・鎌田友樹氏もまた公介と共にサイパン慰霊に同行しています。「八九会」の戦友会自体はなくなってしまいましたが、北海道護国神社（旭川）が事務局を引き継ぎ、毎年慰霊祭を行っています。

サイパン慰霊碑と公介

自宅での葬儀（1945年8月13日）

・池上公介『不登校・引きこもりから奇跡の大逆転！』（角川マーケティング、2002年）から・

◉父の戦死の知らせ

配給の日になりますと、店の前には朝から配給を待つ人が列をなします。その日も母は次から次へと配給の砂糖をお客さんたちに渡していました。その時配給の人ごみをわって郵便配達の学生が入ってきて、

「はい、これ」

とだけ言って、母に一通の封筒を無造作に渡しました。安っぽい封筒を母が開けてみると、そこには父の戦死を知らせる紙切れが入っていたのです。

「お客さんたちが待っている……」

母はその封筒を前かけのポケットにそそくさとしまい、ぐっと気持ちを抑え、何事もなかったかのように次々とお客に砂糖を手渡していったのです。

母は後になって私たちにこの状況を何度も話してくれました。

（中略）

母はぐっと口をかみしめました。どんなにくやしかったことでしょう。戦死の知らせを店先で手渡されてその場で泣きくずれることもできず、そのまま仕事を続けた母の心境を思うと、私はいまでも涙があふれます。

池上家のものがたり

ファミリー・ビジネスの変革　北海道池上家

池上公介・池上重輔（2018年8月24日）

はじめに

父、池上公介は2018年9月に亡くなりました。病床で父に語ってもらった祖父、重蔵の生い立ちから北海道に渡るまで、札幌の地で始めた池上商店が軌道に乗るまでの様子、そして、重蔵の孫である公介が池上商店から教育の世界に主軸を移していった過程をまとめたのが本稿です。一度、父にちゃんと聞いておきたかった池上商店と池上学院までの話にファミリー・ヒストリーを絡めました。内容は、私の父・公介と息子である私・重輔の二人で綴った形にしました。文章によっては二人が一体化しているところもあります。

タイトルは「ファミリー・ビジネスの変革」としました。新潟県からの北海道移民である池上家を事例とした一族経営史です。私自身は、この一族経営から離れて別の道を歩んでいます。別の立ち位置から、どう業態変化を遂げたのか俯瞰しながら綴りました。

新潟から北海道へ

池上重蔵は1884（明治17）年、新潟県三条市の古くから油屋を営む商家の次男として生まれました。遡ること江戸時代には、「帯刀御免」という帯刀を許された特別な商家だったようです。長男は、あまりやり手ではなかったため、親からは次男である重蔵が商売の中心となることを期待されていました。しかし、彼が16歳のときに「これからの世の中は世界に打って出なくてはいけない」と思い、なぜかアラスカに行こうと思い立ったのです。海外に行くためには、英語を覚えることが必要だと考え、横浜にある外国人の商館に住み込みで働くことにしました。その当時は、全国各地から外国語を学ぶために若者たちが横浜を目指したそうです。そこでの重蔵の仕事は、住み込みのハウスボーイでした。

ある時、重蔵は公介に尋ねました。

「その頃の俺たち日本人の若者の仕事は何だったと思う？」

「なんだろう？　掃除とかお茶汲みとか？」

「いや違う。当時の日本のハウスボーイの仕事はな、毎日毎晩繰り広げられる外国人のパーティーの最中、たんつぼと言う唾を吐くための専用の入れ物を持って各場所に立ち、外国人が唾を吐こうとするのをいち早く悟って、走ってたんつぼをさっと差し出すんだ。もし外れて床にでも落ちたら、しこたま叱られたもんだ」

「何ともやりきれない屈辱的な仕事だった」

重蔵は話を続けます。

「夜は大部屋で、仲間たち十数人がせんべい布団で寝るんだ。俺はどうしても勉強がしたい。でも、朝から晩まで汚い仕事をやった仲間はすぐに寝てしまい、明かりは布団に入ると早々に消されてしまう。部屋の明かりをつけると仲間の睡眠を妨げることになる」

「おじいちゃんはどうやって勉強したと思う?」

「どうしたの? 真っ暗じゃ本は読めないし、自分の枕元のスタンドをつけたの?」

「いや、スタンドの明かりだって他の人に迷惑になるんだ。おじいちゃんは自分の掛け布団を頭にかぶって、静かに音を立てずに窓の所まで行き、外からの月の光で本を読んだんだよ」「覚えたいことが山ほどあって、夜明けまでとても待てなかったんだ」

まさに、「蛍の光窓の雪ふみ読む月日重ねつつ」のあの歌そのものでした。昨今の子どもたちは、勉強する環境が整っていても「なぜ勉強するのか?」という疑問をもつようですが、環境が恵まれない中で、こうした学びたい欲求が育まれる場合もあるのです。

多少なりとも英語が身についたので、かねてから行きたいと思っていた「アラスカ行き」を家族に伝えたところ、猛反対されました。当時のアラスカといえば、今でいえば火星に行くくらいのはるか遠くの地だったと想像します。重蔵は、あまりの親戚の反対に考え直し、「では、日本の中であればよかろう」と、まだまだ大きな開拓余地のある北海道を選んだのです。

重蔵は家を継がずに、一番末の妹の池上千代と婿養子の武に家業を任せて、自分は北海道に旅立つことにしました。当時、重蔵は、よく通っていた料亭の娘小林トヱに思いを寄せていました。そのころ14歳のトヱは、絵葉書（ブロマイド）にもなるほどの器量よしでした。トヱは、重蔵からの「北海道へ一緒に行こう」、その言葉に応え、新潟を出ることを決めたそうです。しかし、当時の北海道といえば、寒冷、積雪、熊しか住んでいない未開地としか認識されていませんでした。二度と生きて帰れないかも知れない遠隔の地。二人が旅立つ時には、親戚たちとは今生の別れという思いで「水杯」（二度と会えない別れの時に、酒のかわりに水を入れて飲みあうこと）を交わしたそうです。

当時の北海道は、函館を皮切りに、港町小樽もすでに開発が進んでいました。そこで、商機の可能性がある地は札幌だと思い、重蔵は札幌行きを決めたのです。

北海道での事業立ち上げ

明治時代、新潟県三条から北海道に進出していたのは2家族で、一つは栗林家、もう一つは今井家でした。栗林家は栗林五朔が三条町（当時は町）に全ての財産を寄付して北海道に進出し、主に室蘭を中心に事業を拡大していました。運輸・旅行・商事・保険等を営む栗林商会をはじめ、海運会社である栗林商船などの事業展開を進めていました。創業者である栗林五朔は、のちに衆議院議員にもなっています。一方、今井家は今井藤七が明治4年に北海道に渡り、創成川近くに小間物商を開業し、北海道の百貨店の雄と言われた丸井今井を立ち上げました。

栗林家は、今も毎年お墓参りに親族が三条市に集まり、池上一族の一人が経営する料亭魚長《うおちょう》で宴を開くと言います。今井家は、4代目春雄から経営が不振になり、丸井今井の経営権を手放しました。三条市にあった大邸宅の今井邸も市の管理となっています。

実は、重蔵の兄、利平治がすでに札幌に来ており（1909年頃）、その後に重蔵・トヱ夫婦が札幌に到着しました[*1]。まずは、南3条西5丁目に最初の家を構えたのです。続いて、移転することになった豊平町役場の跡地を借りて（1910年4月月寒村に移転）、そこに店舗を構えました。のちに、南3条西5丁目を支店とし、そこは主に札幌市内の顧客を担当させ、豊平を自宅兼本店として事業基盤を固めていきました。

当時の顧客はアイヌの人たちが多く、物々交換が主であり、持ち込まれた熊の皮などと店の商品を交換していたのですが、それなりに儲かっていたようです。ただし、潤沢にモノがあった時代ではないので、仕入れにはいろいろ苦労をしていました。

ある日の夕方、重蔵とトヱが夕食を取っていたとき、「ご飯とみそ汁のお茶碗とお箸が欲しい」という客が来ました。実はその時、店には茶碗やお箸はなかったのですが、重蔵は裏に回ってトヱに「今すぐその茶碗とお箸を洗って出せ」と言って、自分たちが使っていた食器をきれいに洗って出したという、今では考えられないエピソードがあります。その後、重蔵とトヱはしばらくの間二人で一つの食器を使って食事をすることになりました。

＊1　1909（明治42）年に北海道に渡ったという説がありますが、重蔵が80歳のときに書いた渡道の時期は1913年です。北海道移民では、来た時期を特定するのが難しいことがよくあります。戸籍謄本では、後からの届出が多く、トヱとの婚姻は1916（大正5）年受付となっています

重蔵が伝えたかったこと

札幌で商売を成功させるには並々ならぬ覚悟が必要だったと思われます。重蔵は、自分自身への覚悟を体現するために「事業を成功するまで着物の帯をせず、縄で着物を縛っていた」という逸話があります。また、商品の仕入れが滞り、売り物がないときは、北海道庁前で古本を売ることもありました。古本を扱ったのは、重蔵自身が本を読んで勉強ができるからだったと言います。

英語は読めなかったものの勉強熱心だった重蔵は、孫の公介が英語を勉強するようになると、英書の一節を渡して訳させ、それを覚えようとしていました。宴会の挨拶などで、その内容を使っていたそうです。

重蔵の経営理念は、「儲けの前に信用第一」というもので、顧客にとって正直な商いを心掛けていました。そして、北海道および札幌の発展とともに池上商店も大きくなり、大正の末期（1925年頃）には、年季奉行などを入れた従業員50人を超える札幌市内で有数の酒・食品の卸問屋になっていました。その頃、トヱの妹夫妻も札幌に来ており、支店を切り盛りしていました。

店の仕事は、男性が主に荷物を扱い、女性が事務職を担当していました。重蔵は商いを通しての人づくりを心掛け、池上商店は社員教育に定評がありました。全国各地から商家の跡取り息子が修業に来ており、女性も結婚前の行儀見習い的（当時の風習として）に良家の娘が働きに来ていたそうです。

一方、重蔵は公介を一人前の商人とすべく、様々なことを教えました。公介の父、真治は太平洋戦争で戦死しており、母の貞子が重蔵の下で店の仕事をしていたため、重蔵は公介を三代目として育てていたのです。当の公介は、自分が教育の道に入るとは少しも思っていませんでした。自分は商家の三代目として家業を継ぐものと信じていましたが、振り返ってみると、重蔵の教えの一つひとつが公介を商人ではなく、教育者の道へといざなったのかもしれません。人づくりの本質は、商売だけでなく教育にも通じていたのです。

商家の心構え

信用を大事にしていた池上商店でしたが、重蔵は取引先の信用を確認することにも注意を払っていました。よく新米の営業担当の社員を呼んで、こう教えていたと言います。

新規で取引をしたいという店に行ったらまず必ず便所を借りなさい。便所を借りるということはその相手の全てが見られるということだ。大抵の場合便所はその家の後ろの方にあるから、店からそこの茶の間を通る、その時に部屋が雑然としていないかを見る。そして台所を通って便所に入る。便所が綺麗に掃除されているかどうかを見る。そして大事なのは、その時に裏口を見て、履物がきちんと揃えられているかを確認することだ。表の店構えに騙されてはいかん。店構えがどんなに立派であろうと、裏口の履物が散乱しているような店とは、現金売り以外の取り引きはするな。

裏口の履物が揃えてなくて、便所が汚いような店はそこの経営を取り仕切る人の締りが悪いということだ。そんな店はいつか傾いてしまうのだ。

そのかわり、店構えがどんなに小さくて、お店を切り盛りする夫婦がどんなに若くても、裏口がきちんとしている店は張付け、すなわち「貸し」で良い。裏口の履物まできちんとしている店は、そこを司る人の締まりがいいということだ。一事が万事を表している。そういう店はだんだん発展していく。経営も堅実と言えるだろう。現金にするか、ツケにするかはそれで決めろ。

当時は信用情報調査が発達しておらず、初めて「取引をしてくれ」という電話が来て、その店に行ったとしても何も情報がないなかで、現金にするか貸しにするかは、判断がしにくいものです。便所を借りる中でさまざまな情報を収集するというのは、ある意味素晴らしい商売の知恵でしょう。それもあって池上商店は、堅実さには定評がありました。札幌で他の問屋筋に「池上の車が止まっているうちは、その店は大丈夫」「池上の車が止まらなくなったらその店とは取引を止めろ」とまで言われたほどでした。

便所を借りて取引先を判断するという話は、日本の商いの知恵として古くからあったのかもしれませんが、公介が、飛行機の中で読んでいた週刊誌にある銀行の支店長がまだ駆け出しの頃に出会った名古屋の桃屋の社長さんに「取引先に行ったら便所を借りろ」と教えてもらったエピソードが載っていました。それを書いている人は雑誌社の方なのか、自分たち記者は「取材先で便所を借りるような失礼な真似はするな」と入社当初に先輩から教えられると書いてあり、商売の知恵とは全く逆の話も載っていて、業種が異なると考えの違う世界があるようです。

初代から二代目へ

1930年代、手堅い商売で軌道に乗せてきた池上商店ですが、重蔵の子どもは娘・貞子《ていこ》一人だったことから、店を継いでいくには婿養子を取ることにしました。それならば、日本中で最高の婿を探そうと思い、日々その候補者を探します。ある朝、新聞を見た重蔵は〝そろばん日本一の早田真治〟という記事に目がとまり、「これだ」と感じました。その彼は、新潟県加茂市の糸問屋の息子で、新潟県長岡市にある商家の番頭をしていました。そんな真治を婿養子として北海道に連れて来るというのは、無茶な相談です。しかし、トヱは重蔵の指示で何度も新潟に足を運び、懇願しました。最初は、塩をまかれて追い返されることもありましたが、それでもあきらめずに通い続けるトヱに早田家が、「それほどの思いであれば」と根負けし、納得してくれました。当の早田家には、長女が婿を取る形で真治は池上家に婿入りをします。35年、札幌で一番の料亭三筋で三日三晩の結婚式を挙げました。

早田真治は、池上真治となり、池上商店の経営陣に入って力を発揮していきます。その仕事ぶりを見ていた番頭は、「真治さんは電話をしながら、注文の計算をしていた」「頭の中で全ての計算ができていた」と語っています。早田家の人たちは、ほとんどが一流大学を出て教育者になっており、高卒だった真治は学歴にコンプレックスを持っていました。札幌の商工会等の会合に出ても、多くの経営者が大学出で、英単語なども交えた会話をしていた中で、それが理解できなかった真治は、「長男の公介には英語を学ばせたい」という思いを強くしていきます。

しかし、悲しいことに真治の池上商店での生活はわずか5年間だけでした。その間に4人の子どもに恵まれたものの真治は、1941年、末っ子の公介がまだ生後9カ月のときに徴兵され戦場へ。その後、激戦地のサイパンで帰らぬ人となったのです。

終戦直前のある日、郵便配達員が真治の戦死の知らせを伝えに来ました。その紙を受け取った貞子は、一瞬だけ厳しい顔になりましたが、それをぐっとこらえて仕事に戻ったと言います。

戦争中は、番頭から丁稚《でっち》までほぼ全ての男性店員が出征して、池上商店は女性事務員のみの所帯となっていました。これでは先細りだと、余裕のあるうちに店をたたんだ方がよかろうと思った重蔵は、徐々に仕事や資産を手放し、南三条の支店を閉鎖しました。自宅を除くすべての土地・不動産を売却して、「さあ、店をたたもう」と思った矢先に、終戦を迎えたのでした。

終戦後の事業再開と三代目公介

終戦後、復帰し始めた得意先から少しずつ「商品を仕入れてほしい」という連絡が本店に入るようになりました。札幌の三越百貨店との取り引きには、東京の三越本店から依頼が来たものの、店には男手が一つもなく、お嬢さん育ちだった貞子が近所の高校生に頼んで配送を始めるようになったのです。卸問屋というのは、その地域に向けて、限られた食料・物資を配給する拠点でもあったことから、倉庫の商品を夜なべしながらその高校生たちと配給用に量り詰めをしたりしました。

戦後の混乱のなか、2、3年を過ごしているうちに従業員たちが次々と戻り、最初に戻ってきた番頭が豊島和豊さんでした。そのときは、新潟出身者が多かったため、北海道出身の従業員を採用すると同時に、方言の通訳が必要になってきました。例えば、新潟弁で「なじらね…」「そのガンもって〝戸をたてて〟」は、「どうですか?」「その品物とって〝戸を閉めて〟」となります。まだ幼かった公介が、時折その通訳をしていたのです。

重蔵は店員にも教育熱心でしたが、孫の公介にも熱心に最高の教育を心掛けました。公介の幼少期には、火鉢のそばに呼び寄せてよく商売の基本を教えていました。英語を得意にしてあげたいと思っていたのですが、高校時代に公介は英文法が苦手らしいと分かると、北海道ではトップ大学の一つである小樽商科大学の英文学教授の木曽栄作先生*2に家庭教師を依頼し、数学も小樽商科大学の武隈良一先生*3に、国語は藤女子大学の先生というように、各科目別に大学教授に個別指導を依頼しました。現在では想像しにくいでしょうが、小中学校でも、現役教師に家庭教師を依頼していたのです。しかし本人は、木曽先生の個人指導以上に小樽の街を散策するのが楽しみでした。

勉強以外に重蔵は、小学生の頃から東京に公介を連れていき、観劇などを楽しんでいました。宝塚歌劇を初めて見に行った公介は、ドアを開けステージを見るとアジサイの花が咲いており、それをよく見ると一つひとつが傘で出来ていて、その花の中から当時のスターだった八千草薫や新珠三千代らが歌い踊っていました。今もくっきり、きらびやかな感動を覚えていると言います。

＊2　木曽栄作（1905―1984年）は小樽市出身の英語学者。小樽高等商業学校卒業、米国ペンシルベニア大学経営学部大学院修了。小樽商科大学名誉教授

＊3　武隈良一（1912―？）は、富山県生まれ、室蘭育ちの数学者。東京物理学校卒業、北海道大学学士取得。小樽商科大学名誉教授

店の縮小と誕生日の芋ご飯

実は卸業というのは、あまり利益率の高い商売ではなく、粗利率で7％、純利益率で2％程度のものでした。重蔵は、「もっと儲かる事業にできないか」と言う若い従業員と、よくこんな議論をしていました。

「ザルで水をすくうと、水はこぼれて何もザルには残っていない。でも、よく見るとしずくが残っている。そのしずくを何度もコップに入れていくと、いつかはコップも一杯になる。でも、そのコップをぐいっと飲むのではない。そこから更に溢れてくる水をなめるのが商いを続けることなんだ」

地道に利益を積み重ねていくというやり方で信用を得ていった池上の事業は、1950年頃には札幌市内で有数の規模になっていました。しかし家業を継ぐはずの真治は戦死していません。孫の公介はまだ小学生で幼く、重蔵は還暦を越えており、公介が大人になるまで今の規模を維持していくのは難しいと思ったのでした。そこで、また重蔵は、資産の整理を始め、戦時中は兵隊に貸していたアパートを売り、酒の卸売の権利を他の店に売って食料品卸問屋のみにフォーカスすることにしました。顧客も丸井今井、三越、五番館などの百貨店を中心に、札幌市内の優良大手顧客のみに絞りこんで事業を営むことにします。年商10億円弱、従業員20名弱という、大正時代の隆盛期の3分の1以下の規模に縮小しつつも、昔ながらの経営理念を守り、実直な商売を続けます。

開拓者精神を支えていたもの

公介の母親・貞子の誕生日には、毎年必ず「芋ご飯」が出ました。芋ご飯以外には何もないのです。公介の誕生日には、バースデーケーキがあり、おはぎをはじめとしていろいろなものが並んでいましたし、姉達の誕生日には、赤飯やちらし寿司、おいなりさん、その他諸々と出るのに、なぜか母の誕生日には、切ったサツマイモを入れただけの醤油で味付けされた素朴な芋ご飯だけなのです。そして、毎年母の誕生日には、その芋ご飯を前にして、子どもたちは、そのいわれを母から聞かされたと言います。

池上商店はこの地で創業したのよ。おじいちゃんとおばあちゃんは、ほとんどゼロからの出発で、兄弟姉妹親戚と水杯を交わして新潟県の三条から北海道に行ったの。北海道は本州の各地から移住してきた人々によって開拓されていったのだけれど、昔で言う越後衆(新潟県人)は、特に辛抱強く頑張り屋で、各業界で頭角を現していったそうよ。故郷の新潟では、かなりの恵まれた生活ができたのに、全てを捨てて北海道へ渡ったのよ。

本当のパイオニアスピリット・開拓者精神を持って、どんなことがあっても帰らない覚悟できたの。だから片道の運賃だけを持って故郷を離れ、札幌の停車場に着いたんだって。丸2日以上もかかったんじゃないかしら。今で考えると遠い外国に行くようなものね。おじいちゃんが29歳、おばあちゃんが18歳の時よ。あの頃は、数え年だったから今の年で言うと28歳と17歳ね。先に札幌に来ていた知人がいたけれど、その人たち全部のところに挨拶に回り、「3年間は自分たちがいると思わないでください。たとえ自分たちがどんなに困っていても助けないでください」とお願いしたそうよ。何があっても自力で頑張りたい、そういう気持ちだったのね。3日も続けてご飯が食べられない日が何度もあったんだって。

私が生まれたときも産婆さんへのお金がすぐに払えず、待ってもらわなければならなかったそうよ。私を出産した後、おばあちゃんはね、休む間もなくすぐ産後の体を引きずって台所に立って。赤ん坊だった私のために何かお祝いの物を作ろうと思ったんだけれど、そこには何もなかったの。家にあったのは台所の隅にサツマイモがたった一個だけ。だからそれを切ってお米に入れて醤油をかけ、ふかして芋ご飯を作ったのよ。それが私へのせめてもの誕生祝いだったの。そんなおばあちゃんの気持ちを忘れないためにも、毎年お母さんの誕生日は芋ご飯なのよ、わかった?

おじいちゃんとおばあちゃんはそんなところから今の池上商店を築き上げてきたのよ。明治の時代に日本の各地から北海道にやってきた人たちは、屯田兵をはじめとして皆本当の開拓者精神に満ち溢れていて、その人達の並々ならないご苦労があって今の北海道があることを忘れてはいけない。

芋ご飯を食べながらこの話を母から聞かされた公介は、祖父母を通してその頃の北海道の開拓者たちの心意気を知り、子ども心に感動のあまり身震いをしたことを覚えていると言います。母の貞子が亡くなった後も、母の命日には必ず芋ご飯を炊き、今度は公介が子どもたちにその話を聞かせるようになり、これからはその子どもたちがさらにその子どもたちへ語り継いでくれることを願っています。

三代目公介への決断

1964（昭和39）年、重蔵の孫の公介が東京から戻り、家業に専念することになりました。公介には小学校4年生の時からの許嫁《いいなずけ》がいたのです。故郷である新潟との関係性が薄まることを懸念した重蔵が、新潟の本家と自分の孫を結婚させることを思いつき、最初は長女の芙佐子に入り婿をと思ったのですが、新潟の実家とのバランスが悪くそれは断念しました。そのため、末っ子で長男の公介と、新潟本家の末っ子喜重子を許嫁にしたのです。嫁にもそれ相応の教育を求めたので、同い年の2人は一緒に東京で学生生活と短い会社員生活を送ることになったのですが、2人のデート代は親もちという環境でした。

喜重子は将来、商家に嫁ぐのだと幼少期から言われて育ち、大学も商学系の嘉悦女子大学に進みました。東京での国分商店勤めを経て札幌の池上商店に入ってからも、公私共に公介を支えることとなったのです。公介はというと、商店の仕事を必死で覚え、トラックでの配送等から様々な業務を一生懸命こなしていました。事業自体は回っていたのですが、彼は「これはどうも私が一生する仕事ではないのではないか」と思っていたようです。

「事業自体は回っている。しかし食料品卸問屋という事業形態に将来性はあるのか」という疑問が湧いていました。66年に長男の重輔が生まれ、その後長女泰代、次男の智彦が生まれる中、池上商店を切り盛りしつつ公介は、池上家の将来像を考える日々が続いていました（重輔のあとに生まれた重次郎は幼くして他界した）。

そこへ、姉・芙佐子のリクエストに応えて姉の子どもに英語を教えることが始まりました。65年にスタートした英会話塾「池上イングリッシュクラブ」は、優秀な生徒を生み出すことから評判を呼び、徐々に生徒たちが増えていきました。60年代末には、食料品卸問屋として方向性を模索することさえ難しいと感じていた公介は、池上商店の事業がまだ回っているうちにと、10年計画で徐々に食料品卸問屋を縮小させ、なるべく身軽になっておこうと決めました。

80年、公介が正式に池上商店の3代目として家業を継いだとき、千件以上あった取引先を、どうしても継続しなくてはいけない顧客10件のみに絞り込み、配送用のトラックも全て売却しました。問屋事業の要であるトラックなしでどのように配送をしたかと言えば、当時の札幌でもまだ目新しかった赤帽を活用したのです。今でいえば、アウトソーシングです。当時の認識からすれば、これは常識外れな判断で、同業他社や銀行筋もこの判断にはビックリしたと言います。資産は売却でかまわないのですが、従業員はある程度本人も納得する行き先を探さなくてはいけません。これも、数十人いた従業員一人ひとりを、10年かけて次の就職先を探していきました。「四谷の豆腐屋が養子を探している」と聞けば四谷へとび、「独立して珍味屋を始めたい」という従業員には開業資金の手当てを支援しました。

70年代末には、一番古くからの女子事務員齋藤と、入ったばかりの女性事務員富樫の2人のみの体制にしました。残った自宅兼事務所・店舗だった豊平の建物を活用して、コンビニエンスストアを始めました。最初の3年はサンチェーンを次の3年はサンクスと契約しました。

道内資本のコンビニエンスストアであるセイコーマート1号店が71年に開業し、まだ本州資本のコンビニエンスストアが物珍しかった頃なので、70年代末にできたサンチェーンの開業時には、国道の前には店に入ろうとする車の行列ができたそうです。

新たな事業への転換

84年には、池上商店は全ての合理化を終えました。公介は、重蔵が創業した山利・池上の暖簾を守るという荷物を降ろし、ほっとしていました。その一方で、池上イングリッシュクラブは活況を呈しており、公介の個人的手腕に頼りながら、収益的にはとても安定した状況になっていたのです。

振り返れば、65年に姉の自宅で始めた小さな英語教室が、札幌市内に複数の教室を持ち、英語のトップエリートを輩出する場として知られるようになっていました。それは、英語に力点を置く有力大学に合格者を出し続けるだけでなく、英語弁論大会等で何人もの優勝者を輩出した実績が更に評判を呼んでいました。日本マイクロソフトの社長を務めた成毛眞氏も池上イングリッシュクラブに通っており、最初の就職先を公介が紹介していました。こうしたエリート教育を天職と感じていた公介は、この路線を極めようと考えていました。それが、ある事件によって、この方向性が大きく変わります。

84年7月の夕方、「中学浪人予備校が計画倒産」というニュースがテレビで流れました。「中学浪人」という言葉をはじめて耳にし、そこの予備校生の行く末が心配になりました。浪人までして高校を再受験する子どもたちが、投げ出されてしまうことに公介は、憤りを感じたのです。これが、一つの運命だったと公介は著書(『教育は家庭から』中西出版)で語っています。

翌85年の4月には、子どもたちを救済する目的で、「個別指導塾」としての中学浪人予備校「池上学院」を設立しました。中学浪人対象の予備校は儲かるビジネスではなく、公介の妻・喜重子からは、「他人が赤字で投げ出すことを、なぜわざわざうちがしなくてはいけないの?」と疑問を投げかけられました。しかし、公介はなぜか「この子たちは自分が救わなくてはいけない」という使命感に突き動かされており、周囲の反対を押し切って池上学院を始めることにしたのです。

実はこの時、ほかにも4、5件ほど、中学浪人予備校をしますと手を挙げたところがあったのですが、結局開設したのは池上学院だけでした。

初年度は、協力者の裏切り等もあり、猛烈な苦労の連続でした。夫婦2人で何度も涙するほど、すさまじい1年でした。後になってから「屈辱で泣いたのは、この時だけだった」と当時を振り返ります。

札幌市内のエリート高校を目指して落ちた子どもたちを主対象にしていたので、内申書のランクはオール5（最上位のA）か、もしくはA～Cランクまでの上位層でしたが、あるひとりの母の、息子を思う切なる願いで、当時の受験における最低ランクの子どもを引き受けることになりました。

公介は、それらの子どもたちが次々と志望校に合格するのを見て、自分は意義のあることをしているとやりがいを感じ、ここを充実させていこうと思っていた矢先に、また新たな展開へと繋がっていきました。

教育事業の拡大

「大学受験にも対応して欲しい」と、かつて池上学院に通っていた生徒から懇願され、92年に個別授業に特化した「大学受験科」を開設しました。続いて98年には、不登校が社会問題化したことを受けて、現在の池上学院高等学校の前身にあたる全日制通信制高校サポート校「札幌高等学院」を開設。99年には、全国初の小中学生の不登校生のための全日制小・中等部の「池上オープンスクール」や中途退学者のための「大検コース」を新設し、生徒の心のケアに腐心します。また、心の教育を充実させるべく、2002年に「池上未来塾ジュニア」を開設。04年には、学校法人池上学園及び、池上学院高等学校を、09年には池上学院グローバルアカデミー専門学校を設立し、現在に至ります。

このほかに公介は、池上イングリッシュクラブをFMラジオで放送しており、テレビのNHK教育で英語講座を担当したこともありました。理事長職のほかに、社団法人日本青少年育成協会理事・北海道支部長、青少年育成道民会議副会長、社団法人北海道日中経済友好協会副会長などの要職をこなしていました。

〈池上教育事業歴〉

1965年	英語を教え始める
1969年	丸井今井等の社員向け英会話指導を始める
1971年	英語塾「池上イングリッシュクラブ」を正式に設立
1985年4月	中学浪人生のための予備校「池上学院」開校。個別指導池上方式
1986年	「個別指導塾」開設。池上方式と言われる個別指導の授業を展開
1992年	池上学院内に個別特訓予備校 大学受験科を開設
1998年	全日制通信制高校のサポート校「札幌高等学院」開設
1999年	池上オープンスクールを開設。不登校の生徒たちを教育現場に戻すため、全国で初の全日制小・中等部を開設。大検コースを開設。個別指導の徹底を図る
2004年	学校法人池上学園 池上学院高等学校［通信制課程・普通科・単位制］を開校
2009年4月	池上学院グローバルアカデミー専門学校を開校。函館キャンパス・帯広キャンパスを開設。これに続き2013年までに北見キャンパス・室蘭キャンパス・釧路キャンパス・旭川キャンパス・苫小牧キャンパスを順次開設

〈校訓〉

克己
感謝
利他

〈教育理念〉

- 生徒本来の良さを見出し、認めて、励まし、引き出す“愛情教育”
- 基礎・基本を重視し、「わかる喜び」、「学ぶ楽しさ」、「やったらできた」という感動と自信の実現
- 社会的自立をし、人のために貢献できる人間の育成

―寄稿―

〃祝辞〃

北海道博物館　学芸部長　池田貴夫

本日は、池上商店「商家館」の開設、誠におめでとうございます。私、北海道博物館で学芸部長を務めさせていただいております池田貴夫と申します。本日は、池上商店「商家館」のオープン・セレモニーの場に来賓としてお招きいただき、誠に恐縮する次第です。この意義ある「商家館」のオープンに際しまして、誠に僭越ながら、一言お祝いの言葉を述べさせていただきます。

セレモニーに先立ちまして、池上商店「商家館」の展示を観覧させていただきました。まず感じたのは、「すごい博物館が新たに開設されたな」というものでした。博物館とは、大抵、箱「建物」があり、そのなかに展示室や収蔵庫などがあり、お客様が利用する展示室にはさまざまなモノが並び、それぞれ解説文が付されているのが一般的な形態かと思います。

一方で、「商家館」は、箱という概念を取り去り、商家池上家の歴史を語り継ぐということをテーマに、池上家に残された膨大なモノと池上家の物語を、本をめくりながらたどっていくという箱のない博物館です。確かに、モノを実物で見るのと、写真で見るのでは、質感などの理解に差が出てくるでしょう。しかし、本をめくりつつ、ビジュアルなモノの配列や彩りを楽しみつつ、関心を持った箇所から文章を読む、まさに博物館を観覧した感覚になるのです。池上商店「商家館」は紛れもなく「博物館」なのです。

まずもっては、「夢の商家館」を綿密に構想・計画した故・池上公介様、ならびにその構想・計画を受け継ぎ、実現に導いた池上商店「商家館」開設集団の皆様に、心から厚く感謝申し上げます。

　内容面に移らせていただきます。私事で恐縮ですが、1999（平成11）年に刊行されました『野幌太々神楽百年史』という本の制作に関わらせていただいたことがございます。1890（明治23）年、新潟に創設された北越殖民社の人びとが、江別市の東西野幌地区に集団移住いたしました。農業を主な生業として、新天地北海道で夢をかなえようとした人びとでした。当然ながら、新天地での生活には多くの労苦が伴いましたが、数代にわたって地道で堅実な農業経営を行ってきた結果、現在でも新潟に故郷を持つ人びとのご子息が、農業を営んでいます。野幌太々神楽はそういった移住を試みた一代目が、新潟の三条地域の郷土芸能である三条系神楽を継承し、1898（明治31）年に野幌神社で奉納したことに始まります。郷里の芸能を北海道の移住先に伝えたものは北海道の歴史上多々ありましたが、その多くはある時期で途絶えてしまいます。しかし、野幌太々神楽は1999（平成11）年に百周年を迎え、現在

野幌太々神楽の様子（1998年頃）

においても舞われているものです。これも、新潟の人びとの堅実さの現われでしょうか。

さて、そのようなことも顧みつつ、この「商家館」について感じたことを、いくつかお話しさせていただきます。

まず、北海道の歴史を特色づける大きな要素として、主に近代以降の北海道開拓がございます。日本各地から移住者が北海道に移り住んで、開拓に従事しました。ただし、「開拓」という言葉は、内陸の森林地域における伐木、小屋掛け、ささやかな農業の開始など、開拓初期の「切り開く」というイメージが強かったためか、農村での労苦は各博物館・資料館で多く語られてきたのですが、例えば、池上家のような商家にとっての「開拓」とは何だったのかということをつぶさに示した展示はこれまで少なかったように感じています。北海道に移住した人びとは、職業はどうであれ、誰もが「開拓」という意識を持っていたと推測できるからです。その点で、「商家館」の開設は新しい試みであり、新しい情報の提供がなされる意義深い博物館であると感じました。しかも、商家にとっての「開拓」とその精神が非常にわかりやすく伝わってくるのです。勉強になりました。

次に、北海道移住後における郷里新潟との強固な結びつきや、札幌新潟県人会の存在意義が池上家を支える重要な要素となっていたことが展示されていることです。もしかしたら、池上家の正月の雑煮は、今でも新潟の味を引き継いでいるのではないかなどと、勝手に推測してしまうくらい、その結びつきが強固であったことが学べました。

また、これも私事で恐縮ですが、「日本のどこで節分に落花生が撒かれているのか？　その歴史的経緯は？」といった研究をフィールドワークや文献調査などを駆使して行い、現在も継続中なのですが、現状では日本列島のなかでも新潟県と北海道が落花生を撒き始めた時期が最も早いとのイメージを抱いています。なぜなのだろうと考えるに、この「商家館」での展示を見て、このような新潟からの北海道移住者と新潟の強固な結びつきなども関係していたのではないかなどと、新たな切り口をいただいたような気がしました。明治期から昭和初期にかけ、北海道への移住者が最も多かった県の一つが、新潟でした。その後の北海道文化の形成には、新潟のパワーが相当働いていたのではないかと、一家族史のなかに学びました。

最後に、池上家の代々においては、「口承」、「書承」、「物承（私の造語です）」による家の歴史の継承が非常に密に行われていたということです。初代池上重蔵の北海道移住の経緯、経営理念、教えなどが、四世代目の池上重輔氏に、口承、書承により確実に引き継がれています。また、家族全体のあゆみやエピソードが、さまざまな形で引き継がれています。それが、このような「商家館」誕生の原動力となっています。

平成の時代頃にはよくあった話ですが、北海道移住三代目くらいの方はやはり移住元を1回でもいいから訪れたいと思う人びとが多かったように感じます。ただし、それ以降の世代になってくると、父方の移住元、母方の移住元さえ知らない、関心がない人びとが多くなっているような気がしています。スマホ密着型の生活に至っては、世代間の対話も少なくなっているのかもしれません。

しかし、池上家では、おそらくこれからも何代にもわたって池上家の歴史が絶えることなく残され、語り継がれていくのだろうなと感じています。また、そうあってほしいと願っています。この「商家館」の展示を見て、あらためてそう思いました。

最後になりましたが、池上商店「商家館」の本日の開設をあらためてお祝いするとともに、今後のますますのご発展を祈念し、祝辞の言葉といたします。誠にありがとうございました。

文献
野幌太々神楽百年史編集委員会編
1999『野幌太々神楽百年史』、江別市教育委員会

—寄稿—

家族の歴史をどう残し、語り継ぐか

アートディレクター　伊藤千織

池上家と私

私と池上商店の三代目・池上公介氏（公介先生と呼びます）との出会いは、遡ること45年以上前になります。「池上イングリッシュクラブ」の生徒として、小学生の頃から高校を卒業するまでの毎週木曜日、中島公園近くの教室に通っていました。公介先生は元々、私の両親の友人であり、同じ教室に通う長男の重輔くんとは同い年ということもあり、池上家の方々とは家族ぐるみに近い形でのお付き合いがありました。

日頃はデザインを生業とする私ですが、２０２３（令和５）年夏に「まちとアートと家族の物語」と題した展覧会を開催しました。これは、父の実家である札幌市中央区の仕出し料理店「㐂《き》久《く》一《いち》本店」の創業百周年を記念して、家族と地域の歴史を振り返る展覧会です（以下、「㐂久一展」）。企画は、同年の1月からスタート。その準備期間半ばのある日、公介夫人の喜重子先生と久々にお目にかかりました。お茶を挟んでの近況報告の際、何気なくお話ししたこの㐂久一展の話に、喜重子先生の中で何かが閃《ひらめ》いたようです。「池上家の、商家館の本を作ろう」と、トントン拍子に話しが進み、本書の制作に携わることになりました。

残し方の手法

さて、個人や家族の歴史を残すにはどういう方法があるのでしょうか。文字や文章（あるいは本）による記録は、神代の時代から続く最も一般的な方法です。19世紀に写真が発明されて以来、身近な歴史は瞬間の画像として記憶され、保存できるようになりました。家系図や過去帳でしか知り得ない写真以前の祖先のすがたは、画像としてイメージできない分、その存在にリアリティを感じづらいと思います。今、「実家じまい」や「断捨離」が社会現象となる中、様々な物品や古い写真は処分対象となり、物質としての記録が消えていく場合も多々あります。存在そのものが、意図してあるいは意図せず消えていくこと、それもまた家族の歴史の一部だと感じています。

近年、画期的な手法を示してくれたのは、NHKの番組「ファミリーヒストリー」です（もう少し前の世代の方は、アメリカのテレビドラマ「ROOTS／ルーツ」が記憶にあることでしょう）。「ファミリーヒストリー」では、綿密で詳細な調査で明かされる著名人のルーツ（多くは3、4世代ほど前からの比較的近い歴史）に、「自分とは無関係なはずの他人の家族の歴史に共感」し時には涙する、という感覚を体験できます。それは、点と点を結ぶ昔話の集積、出来事の推移としての家族の歴史ではなく、面的なストーリーとして、時にはDNA的に継承されているかのような、その一族固有の文化や気質・因果といったものまで浮き出させているからでしょう。歌や民話にも似た、「ものがたり」という形式と手法の中に、喜怒哀楽や生き生きとした人の営みの輝きが保存されているのです。

私の企画した乇久一展では、立体的な空間演出、画像や映像とテキスト、参加型イベントというメディアミックス的な手法での「ものがたり」の表現を試みました。池上家の記録である本書では、「本の中に閉じ込めた、記憶と博物館のバーチャル空間」とも言うべき表現を誌面で展開してみました。公文書ではない、プライベートな歴史の残し方の手法は、個性的かつ自由であっていいと思っています。

乇久一展では、空間演出に使う画像（写真）の収集とデジタル化に力を注ぎました。札幌市内だけでなく、室蘭、東京の親戚宅をまわり、写真の発掘をしながら、写真に映っている顔一人ひとりを「これは誰なんだ？」と探偵のように特定していきました。もうひとつ、力を注いだのが年代の確定です。ホームセンターで購入したルーペや拡大画像を使い、切手大の写真の背景から得られる情報から年代を特定したりしました。古い白黒写真もＡＩアプリでカラーに変換すれば、遠い祖先の息づかいが現代の隣人のようにリアルに感じられます。これらはデジタルツールを用いてこそできた作業です。

公的機関としては、学校や同窓会の記録も侮れません。創業者の伊藤孝一・キク夫妻が札幌第一中学（現札幌南高）の寄宿舎でまかないとして働いていたという口伝えを頼りに、同窓会資料の保管庫に行き、当時の写真を実際に見つけることができたのです。探し出す作業も楽しめました。

これらを展示するには、アート関係に従事する親族10人ほどが総出で、定期的にオンライン会議を開き、「どう空間として見せるか」を真剣に話し合い、構想を練っていきました。もともと宴会業でお祭り好きの家系であり、個性的な面々が集まっています。皆の様々な意見をまとめ上げるのは一苦労でしたが、共同作業の醍醐味でもあります。

おかげで老若男女多くの人たちが㐂久一展に足を運んでくれ、それぞれの感慨を持って観賞してくれました。

北海道の家族のストーリー

さて、北海道に生きる私たちに翻って考えれば、「先の戦争＝応仁の乱」という京都の（都市伝説的）エピソードや十数代も続く農家や武家の末裔《まつえい》がいる本州の文化と違い、多くの北海道人の歴史の空間感覚は明治以降、つまり写真や近代的な技術が登場してから後の、古くても１００～１５０年（せいぜい数世代前）から始まるものでしょう。「歴史が浅い」ことは、逆に言えばトレーサビリティのある近い過去、振り返れば手の届くリアルな「ものがたり」から、誰もが家族の歴史を語り始めることができるということでもあります。

どこかの時点での能動的な決断やきっかけ、または訳あり的に故郷を旅立ち、運動エネルギーを伴って移り住んできた誰か（それは自らの場合も）の想いの結果として、今この大地に立っている「自分」。そこから逆引きで遡《さかのぼ》る祖先や家族のものがたりには様々な明暗もあるでしょう。同時に、自分自身の存在を照らし、背中を押してくれるヒントがたくさん隠されています。私自身、㐂久一展開催までの過程を通して、人のつながりを強く感じ、「今、私たちのいる」現在地を確認することができました。

「池上商店の歴史」を繙《ひもと》くことが、読者の皆さんにとって、移住者たる北海道人としての自分と家族のストーリーを振り返るきっかけになれば、と思います。

当時珍しかったフォード製の配達車と（1935年頃、北海道神宮）

展覧会の様子。古写真や資料、実際の道具やアート作品を立体的に表現した。

エピローグ

夫・池上公介と商家館

池上喜重子

池上商店と私

池上商店は、私にとって誇りです。我が家の一人ひとりの存在を生み、育ててもらったところです。夫の池上公介は、池上商店の跡取りとして育ち、最期は学校法人池上学園の理事長として生涯を終えました。商家館の開設は、夫の夢でした。

池上公介と商家館の話をするためには少し自己紹介が必要でしょう。私は新潟県三条市の生まれです。私の名前は、「喜び」「重なる子」で喜重子です。私はずっとこの名前を宝物の一つとし、道を切り開いてきました。思うように行かないとき、どうやったら喜びに転じられるかを思考するのが、私の生き方になっています。「誰かの役に立ちたい、喜んでもらいたい」が、私の名前からくる使命であり、後に教育者としての天職へとつながりました。

その私が小学校4年生、10歳になったある日に、両親から少し改まった感じで「あなたは、

北海道の札幌のこの方と結婚をするのよ」と告げられました。親同士が決めた許嫁《いいなずけ》でした。会ったこともない人を許嫁と言われたのです。親の言うことは正しいと思い、たいした疑問ももたずに13年後には札幌へと嫁いできました。その頃にはもう「許嫁」という言葉は使われていませんでした。「なぜ、そんな幼い時に許婚？」と思われるかもしれませんが、残念ながら今それを聞ける人はもう誰もいません。たぶん、主人・公介誕生9カ月後に父親が出征し戦死したことが大きな要因と思われます。私が嫁いだ池上商店は食料品問屋で、主人の公介はその3代目です。嫁いだ家は総勢23人の大家族でした。

創業者である池上重蔵は、「人を育てる」心の広い人でした。池上商店に修業に来た人は数多くおり、修業を終えた後はそれぞれの地で商店の主になり、長い親戚づきあいが続いていました。ＯＢ会として「山利会・ヤマリ会」があります。

池上商店という商家の本質は、人材育成であり、その後立ち上げた学校と根っこでつながっています。

商家館構想の始まり

池上公介は１９６４（昭和39）年23歳で結婚し、家業を継ぎました。本人は以前から海外志向が強く、学生生活を送っていた東京で通訳をするなど外国人の友人も多く、国際感覚が豊かな人でした。しかし、家業を継ぐため札幌に戻り、商売を覚えることに集中しました。語学が好きなことは周囲も知っており、一時期は祖父（創業者）重蔵から英語使用禁止令が出ていたことがあります。しかし、冬季札幌オリンピックの少し前に得意先の丸井今井デパートの幹部の方々に「英語を教えて」と頼まれ、また（株）日本清酒から外国人訪問客の通訳を頼まれたことから、重蔵は英語を使うことを許しました。習った幹部の方からの「子どもにも教えてください」から始まり、優秀になった生徒さんが弁論大会に出場し優勝者が何人も出ました。脇で見ている私も引き込まれるほど大変熱心に教えていました。

商家館への想いは早くからあったようで、結婚して4年後、公介28歳のときに重蔵が亡くなり（1968年）、そのころからだったと思います。重蔵が亡くなった翌年にイングリッシュクラブを始めました。その4年後の第11回冬季札幌オリンピックの開催で札幌が一気に近代化したのを見たことが影響しているのかもしれません。重蔵没後の14年後、公介の母・貞子が亡くなり、家族にとっても大きな節目になりました。

こうしたなかで公介は、商家の伝統を評価しつつも、その伝統を次に伝える必要があると強く感じていたようです。大正・昭和を経て時代は激変したとよく言っていました。実際、私が嫁いでから、商売の在り方も大きく変わりました。

樽から瓶に、レジ機の変化、看板そのもの、ポスターのモデルの変化、店構えの変わり様など、多くのものが変化しました。私の働き方を振り返っても、66（昭和41）年から72（昭和47）年に誕生した3人の我が子を竹行李に入れ、机の脇に置いて事務をしていましたし、子どもをおぶって仕事をすることはどこの商店でもあった光景です。今、子どもを背負ってレジを打っている姿を見ることはほとんどありません。

日本のかつてあった生活様式が変わり、それに伴い調度品も様変わりました。それは、公介が海外とのかかわりを持ち、特に日本の文化を愛する外国人との交流が多かったので、そうした人たちが日本文化を評価してくれたことが背景・要因としてあります。そのエピソードを次に紹介します。

白い箪笥《たんす》

あるとき、池上家の女3人、トヱ（祖母）、貞子（母）、喜重子が古い箪笥を整理していました。そのとき流行していた「白い箪笥を買いたい」と公介に言ったところ、「とんでもない」と、古い箪笥の良さを説き出しました。そう言われても私たち3人には、全く理解できなかったのです。

これに関して次のような公介の日記があります。

明治の祖母・大正の母は予想通り、ましてや昭和の女の妻たちは、「みんな我が家は古いものばかりなんだから新しい家具をいれて」と言いました。アメリカ領事リース*さんの住まいは和風の歴史ある家で、私にとっては夢の空間。日本の骨董家具で飾られていました。任期を終えて米国に帰るにあたり、「どうしても最高の和ダンスをアメリカに持ち帰りたい」という話が私に飛び込んできたのです。私は早速、リースさんに「和ダンスを一つ手配します」と言ったのです。「本当ですか」「本当です」「いくらにしてくれますか」「30万でどうでしょう」「そんなに安くしてくれるんですか」、私は家の家具は一つも手放したくないが、3人の女性の「白い家具を入れて」という言葉に気持ちが動きました。当日、私は下に赤い毛氈《もうせん》そして背に金屛風で箪笥《たんす》とのお別れの準備をしました。お2人はきちんと正装をして紫色の袱紗《ふくさ》に30万円を入れ、黒の漆の盆にのせて差し出されました。今頃はアメリカのどの辺にあるのでしょうか？　どこかで日米親善をやってくれているのでしょう。

公介のこの仕掛けによって、私たち女3人は、古い家具の価値を認識したのでした。

このことから、公介は日本の文化や商家の伝統、その価値を多くの人に伝える必要があると強く感じたのではないかと思います。公介自身は、北海道の商家で育ち、東京で学生生活を送り、本州と北海道の違いを体感したことからも、「商家館」は今だけでなく、将来的にも意義あるものと感じていました。本州育ちの私は、代々の商家ならどこの家にもあるもので、特に価値があるとは思えなかったのです。

また、祖父母・親を大事にしていた公介は、池上商店で使っていたものだけでなく、重蔵・トヱ・貞子の生きざまも含めて商家館に活かしたいと思っていたのでしょう。私も公介以上にその想いがありました。というのも、結婚1カ月後の北海道神宮祭のとき、お赤飯を炊き終わったトヱから「このかまどの灰の始末はあなたにお願いね」と託されました。商家のかまどというバトンを渡され、その責務を持ち続けることになったのです。

*リースさんは、ロバート・C・リース（Robert C. Reis, Jr.）。1982～84年まで在札幌米国領事として妻のニネットさんとともに札幌に滞在した。伊藤千織さん家族とも親しくしており、彼自身は2022年にアメリカで亡くなった。

ものの整理から始まった

最初は、池上商店に元々あった商売関係の物品（法被、レジ、看板等）の整理から始まり、次に商家館の企画段階に入っていきました。公介の還暦を目前に家を新築したことで、2階にかなり大きなスペースがあり、そこへ物品を運び込みました。そのころ、民俗学者の矢島睿先生と10人ほどの学生が、詳細な物品リストを作成しました。

企画の本格化とともに、建築設計会社の方々に相談をするようになりました。建築史の専門家である越野武先生らも参加していました。2008年頃からと思います。旧宅の家そのものが、識者によると、廊下がコの字になった非常に貴重な建物であると言われました。実測も行っています。

私たち家族は、公介とともに小樽や函館、本州のあちこちへ古い建物を利用した施設を

見学に行くようになっていました。視察という目的のある旅行は、とても楽しいものでした。
しかし、順調に進んでいるようにみえた企画に、一つ問題が生じてきました。ある程度ハードのデザインは出来たものの、運営に納得できる形が見えてこなかったのです。誰が継続的に運営していくのか、具体的な案が出てきていませんでした。公介が自分でフルに運営するのであれば可能だったでしょうが、その頃は、学校経営に大いに力を注いでいましたし、教育に関する本を出版したところでした。学校運営では、地方にキャンパスを設置するなど、商家館建設に向き合う時間的余裕はどんどん削られていました。識者の方々からも「商家館に価値はあるだろうが、その運営はとても大変である」と言われていました。
家族の間でも商家館の話は持ち上がっていました。私も子どもたちも、商家館の意義は認めていたし、ハード面はよいが、具体的な集客はどうするのか、経営的に持続性を持たせられるのかという課題がつきまとい、なかなか家族のなかで合意が得られない状態でした。

企画のコンセプトは、明治・大正・昭和の空間の中で人々が行き交い・体験し・発見し・学べる生き生きとした場にしたいというものでした。賛成派と慎重派を取り混ぜた委員会を立ち上げて会合を持っていたのもこの頃です。また公介は、池上商店のものだけでなく、商家館として一層魅力を持たせるためにさらなる展示品を求めて、骨董品を集めるようになりました。家族は、彼の夢に寄り添いました。しかし、皆が現実的なところで商家館開設は難しいと考えていました。

学校の基盤整備と公介の死

2018年春、公介は病に倒れました。池上学院の教育・運営基盤が確固となった時期に、誰よりも長生きしそうな公介の死は突然やってきました。私が、愛し、頼り切っていた、かけがえのない主人が亡くなったのです。息を引き取った次の日は嵐で、翌日は9月6日の北海道胆振東部地震でした。ブラックアウト〈全域停電〉になり、すべての機能がストップしました。ロウソクの光で3人の子どもとその伴侶《はんりょ》のみでお通夜・葬式を執り行いました。あの地震は、私たち家族にとっても悲しいお別れの日だったのです。毎年行われる震災の追悼式と公介の葬儀が重なります。

公介の死後2年半ほどは、嵐のような日々でした。自宅2階の倉庫には手もつけられませんでした。3年目に少し落ち着いたところで、ずっと頭から離れなかった倉庫に気持ちが向いていきました。振り返ってみると、私は学校経営に必死だったので、商家館の意義は認めつつも、実際に稼働させることには反対でした。ただ、私が賛成したとしても「商家館の運営」が実際に稼働したのかはわからないと思っています。それほど主人の理想イメージ（特に運営面での）が高かったのです。

ここ数年で、学校にも私にも変化がありました。主人が創立した学校は娘の泰代が継ぎ、今まさに奮闘しています。また、不動産部門の株式会社池上商店は次男の智彦が担っています。公介の夢だった商家館は全く形になっていませんが、物品は十分揃っていましたので、何とか主人の遺志を継ぐための行動を起こそうとしました。一案として、家の2階のスペース・1階の車庫・納戸を展示場にして季節ごとに展示物を変えてはと考えたりしました。しかし、家族からは、公介の理想イメージとは違うので、「それは望まないのでは？」と言われ、どうしたらいいのか悩んでいました。

ここで大きな転機になったのが、23年2月16日の伊藤千織さんとの再会からです。札幌西北ロータリーが伊藤さんに講話をお願いし、終了後お茶を飲み、別れ際に千織さんが何気なく「乇久一100年展」の準備のことを話され、それを聞いた私はとても感動を覚えました。それは、千織さんが今は亡き父の実家の過ぎし100年に想いを抱かれたことにです。「あっぱれ！」と思いました。そこで、私の商家館の想いの変遷を話し、本の形にしたい旨を説明しました。このわずか何分間でプロジェクトがスタートしたのです。

学校の前史として

振り返れば、私の人生はいくつかのステージに分けられます。第1ステージは、幼かった時も含めた23歳までの信濃川の支流五十嵐川の流れる新潟県三条市での時代。第2ステージは、結婚して食料品卸問屋の時期、第3ステージは、教育界に入り学校法人の立ち上げが私たちの転機でした。主人が考え、私が現場を整えるという役割で、第2と第3ステージの55年間を二人三脚でやってきました。

教育業界への業態転換は本書で重輔が書いていますが、長年公介に連れ添った妻としての私の心境も伝えておきます。

食料問屋のおかみさんとして、20年が過ぎた1980年代の半ばのある夕方、夫婦揃って従業員と一緒に夕食をとっていた時に目にしたテレビのニュースが、私の人生のステージを大きく変え、今の学校を開校する源となったのです。札幌に1校だけ残っていた中学浪人予備校の倒産のニュースでした。主人はそれに大きく心を動かされ、「受験に失敗したが、再チャレンジし、志望の高校で学ぶという青春の門をなくしてはいけない」――これは自分がやるとその時から言い始めました。

私は「とんでもない、なぜわざわざそのような大変な苦労が見えている事業を始める必要があるのか」と思ったのです。何度も反対したのですが、公介は聞きません。思い余った私は、実家の新潟に住む84歳になる母に夜電話をしました。結婚して20年間、愚痴もいわずに頑張っている娘の話を聞いて、一緒に反対してもらうためです。しかし母の返事は意外なものでした。母は私の話を聞き終わると「あら、あなたはご主人の言うことを聞けない女なの。高校に落ちた人が1人でも助かったと思ってくれるなら、それだけでもやりがいがあるじゃない。素晴らしいことじゃない。やってみたら」と即座に言ったのです。この母の言葉が心にストンと落ちました。

翌朝主人に「わかりました。協力します」と告げたのです。母に電話したその半年後、それは、ちょうど父が亡くなって半年後のことですが、母は朝食前に漬物をつけ、そして好物のお赤飯を「美味しいね」と言って、その場で亡くなりました。学校創立は主人の強い志がもとですが、私が母にかけた一本の電話がなければ、今の学校はなかったかもしれません。よくよく考えた上で夫から出た言葉と、「一人でも助ける」という信条が心に響きました。もう少しで、その私も84歳になります。

そして、学校開校からは思いもしない問題の連続であり、言葉に尽くせない大変さがありましたが、先代の経営理念である「儲けの前に信用を、弱い人を大切にする」という基本は常に2人とも持ち続けていました。良いことも悪いこともすべて受け取り、良い方向にもっていくために、楽しみながら考える。

商売と教育の理念はどちらも利他がもとです。学校経営については、私たち夫婦2人とも真剣に意見をとことん言い合いました。なにせ主人はそのときの時流より先のことを提案するので、私は「それは無理！」と思うのですが、「仮にそれもいいかな？」と考えたとしても一度は反対する私に、何とか納得させるために十分な説得材料を用意して、同意させました。

今私は、人生の第4ステージの5年目です。同じ年齢で辰年の公介は「死以外は心配することも、慌てることもいらない。神様は解決できない問題はその人に与えられないよ」とよく言っていました。彼の死は、たくさん私の心を慌てさせましたが、これまで何とか問題を一つずつ解決しながら前に向かって歩いています。

本書「商家館」として残すまでに二つの使命がありました。一つは初代重蔵・トヱの足跡を具現化し、次につないでいくことです。前述したようにトヱから「灰の始末」というバトンを渡されました。二つ目は公介の商家館開設への強い想いを私が引き受けたことです。公介が立ち上げた学校法人池上学園は泰代に、不動産事業の山利池上商店は智彦へとバトンを渡しました。

そして、家族に本書を残せたことを私はとても誇らしく思っています。かつて大切にされたが今は失ってしまった日本人の価値観、教え、言葉、モノなどを拾い集めようとした時に、学校法人池上学園の前史でもあるこの本が役に立つことがあれば、意義深いことだと思います。

また、次代を担う読者のみなさまにも、商家の歩みをもとにした人材育成の原点として思い起こしていただければ幸いです。

おわりに

人の人生は一瞬です。その時代時代を生きた一人一人の生きざまの積み重ねを次につなげたいという強い志を持っていた主人・公介の想いが、大いなるもののお導きで本になりました。協力していただいたみなさまのおかげで、倉庫にしまわれていた半纏が動き出し、看板が輝いて、火鉢を囲んで語らいだぬくもりが感じられるようなあったかい本になりました。私たちは〝もの〟を愛し大切にしました。〝もの〟が商家の生活のために喜んで働いてくれた情景が目に浮かびます。

私たちは荒々しい大変動の時代を生きています。どのような時においても楽しみを見つけ、今を大切に進むところに幸せが微笑むのだと、事あるたびに教えられてきました。一歩ずつ踏み出さなければ道は開けません。どんなものやどんなことをこれまで大事にしてきたのかを振り返ることが、未来に向けて踏み出す後押しをしてくれるかもしれません。

私たち夫婦の7回目の干支・辰年の幕開けの2024年元日、大地が揺れ、草木が、虫が、天地自然の地震に呼び起こされました。そんな激動の年に生まれたこの本が、みなさまのこれから先の歩みのお役に立てたなら望外の喜びです。

公介の教え子である伊藤千織さんからご紹介いただいた北海道新聞出版センターの仮屋志郎さんとの出会いがきっかけで、この本が世に送り出されました。山口英子さんは、新潟に、旭川の地に、自ら足を運ばれました。他にご協力いただきました全ての皆様に心からの感謝を捧げます。

池上商店「商家館」開設集団
山口英子（取材・執筆・構成）
伊藤千織（アートディレクション）
高部友恵（デザイン）
湯山繁、横山颯真（撮影）
篠原道子、伊藤泉、内田創太朗、加藤櫻（撮影助手）
仮屋志郎（編集）
竹島正紀（進行）

池上商店《いけがみしょうてん》　夢《ゆめ》の商家館《しょうかかん》

2024年3月31日　初版第1刷発行

編　者　池上商店「商家館」開設集団
発行者　近藤　浩
発行所　北海道新聞社
〒060-8711
札幌市中央区大通西3丁目6　出版センター
（編集）電話011-210-5742
（営業）電話011-210-5744

印刷・製本　株式会社アイワード

乱丁・落丁本は出版センター（営業）にご連絡くださればお取り換えいたします。
ISBN978-4-86721-127-4